찔레

문계성 수필집

찔레

한강

머리글

 글은 혼魂의 얼굴이다.
 이 부족한 글은, 때로는 지독하게 외로움을 타고, 때로는 환희에 겨워 몸을 떨던 내 혼의 얼굴이다.
 나를 끌고 다니던 그 숱한 생각과 감정들은, 나를 옭아매는 사슬이었다.
 그러나 글을 쓰면서, 그것들은 이해되고 사랑받기를 기다리는, 내 마음에 사는 온갖 중생衆生들이라는 것을 알았다.
 내가 그것들에 저항할 때는 번뇌였지만, 허용許容할 때는 내가 그토록 찾아 헤매던 자유였다.
 자유는 번뇌와 구토嘔吐 속에 같이 있었다.

2020년 12월에
문계성

차례

□ 머리글

제 1 부 벚꽃 아래서

진달래 _____ 11

찔레 _____ 15

풍경風磬 _____ 22

이 아름다운 세상 _____ 31

벚꽃 아래서 _____ 37

생각 바꾸기 _____ 42

추운 날 _____ 47

그 여자에게 내 말 전해 주게 _____ 53

꿈 _____ 57

벚꽃 속으로 _____ 62

남포동 갯가에 서서 _____ 69

유전流轉 _____ 73

제비꽃 _____ 78

간월암에서 _____ 80

차례

제2부 마사이 전사처럼

마사이 전사戰士처럼 _____85
굿바이, 예수님 _____89
후회 _____96
향연饗宴 _____102
손금을 막쥐다 _____108
치약으로 머리 감은 어느 날 아침 _____113
어느 수행자를 위한 변명 _____118
지옥도地獄圖 _____124
화엄華嚴살이 _____130
제기祭器 _____136
아버지 말씀이 _____141
검둥이 이상 _____147
진인眞人을 기다리며 _____153

차례

제3부 GJ에게

신神에 대한 단상斷想 _____ 161
사람 _____ 167
검은 모자의 베르트 모리조 _____ 171
누님의 천국 _____ 176
하오의 연정 _____ 181
염부제 _____ 186
천지창조天地創造에는 _____ 192
GJ에게 _____ 200
빈방 _____ 208
마종탁 여사의 하나님 _____ 213
선운사 동백꽃을 보셨나요? _____ 220
장막帳幕 _____ 230
깨어 있는 의식의 창조행위 _____ 235

제1부 벚꽃 아래서

진달래

순희야!

오늘 저 산벼랑 그늘에는, 너의 상기된 뺨처럼 붉은 진달래가 피었구나.

산을 넘는 꽃바람에는 잔설의 한기가 스몄어도, 너는 진달래 그 고운 빛깔에 홀려 온 산을 뛰어다녔고, 산은 무엇이 그리 우스운지 꽃을 들고 깔깔대며 웃었으므로, 마치 때 이른 봄이 네게 꽃동산을 안긴 것 같았지. 그래서 그런가, 지금 내 기억에는 네가 진달래였는지, 진달래가 너였는지 분명치 않구나.

오늘 눈 시린 햇살에 진달래 수줍게 피어, 네가 그 가뿐한 걸음으로 진달래 한 가지 꺾어 들고 나올 것 같아, 나는 선머슴아이처럼 설레는데, 그러나 그 세월은 개울물처럼 쉽게 흘러가 버려, 이제 다시는 만날 수 없으니, 순희야! 그래서 저 연홍색 붉은 진달래를 지척에 두고도 가슴은 저 산그늘처럼 아프구나.

너는 저 진달래 아쉬운 모습으로 내 기억에 숨어 있다가, 산이 훈풍을 불러 골짜기가 춤출 때면, 내 기억의 집에서 걸어 나와 나를 봄 산으로 불러내는구나.

진달래가 피는 새봄은, 마치 혼인식 날 화관을 쓴 수줍은 신부 같구나.

삶이 그 붉은 신부의 뺨처럼 상기된 기쁨으로 물든 것이었다면 얼마나 좋았을까.

삶이 저 진달래 화사한 빛깔처럼 정다운 것이었다면 얼마나 좋았을까.

그랬다면 우연처럼 우리에게 던져진 이 삶을, 마치 맑은 초록색 그림처럼 살아 낼 수 있었을 텐데. 온통 진달래 붉은 꽃잎으로 물들어진 이 극락 같은 계곡에 서서, 이렇듯 아프게 너를 그리워하지도 않았을 텐데.

순희야!
너는 지금도, 이른 봄 마중을 나온 저 새악시 같은 진달래를 보면 가슴이 설레느냐?

새들이 쫑알거리며 날아다니는 저 낮은 산등성이를, 아직도 진달래 꺾어 들고 뛰어다니고 싶으냐?

네게 봄은 아직도, 마치 간밤에 문을 두드린 임의 목소리처럼 반가운 것이냐?

너는 아직도, 한여름 소나기 끝에 먼 산 위에 걸리는 무지개를 쳐다보면 가슴이 뛰느냐?

네가 찾았으면 얼마나 좋을까, 네 입술보다 더 붉은 진달래 꽃잎 따 먹으며, 그토록 마음에 그리던 그 풋풋한 행복을.

마치 진달래 꽃밭처럼, 진달래만 흐드러지게 피던 골짜기, 아! 그 속을 한 마리 작은 사슴처럼 뛰어다니던 네 모습을 다시 볼 수 있으면 얼마나 좋을까.

그 속에서, 천만 년 하늘을 걸어도 늙지 않는 저 해처럼, 너를 바라보며 살 수 있으면 얼마나 좋을까.

순희야!

진달래 저 정답고 화사한 꽃잎이 져도 너는 슬퍼하지 마라. 꽃은 저만치 산에만 피는 것이 아니라, 산을 보는 내 마음에도 살아 피는 것이더구나.

그러므로 꽃은 내 마음에 핀 꽃이 질 때야, 그때에야 비로소 진정 지는 것이더구나. 젊음의 계절도 봄바람처럼 사라져, 가슴이 그리움을 잃고 젖은 그림자만 안게 될 때 비로소 지는 것이더구나.

그러나 저 해가 영원하듯 계절은 영원하고, 진달래가 피는 봄 또한 영원하여, 다시 오는 봄은, 저 산과 네 가슴에 그 붉은 꽃을 피울 것이니, 그러므로 어느 날 오후 문득, 비바람에 진달래 그 고운 잎이 땅에 떨어지더라도, 해의 발걸음이 늦어져, 긴 대낮 열기를 견디지 못한 꽃잎이 다 시들어 서럽게 지더라도, 너는 그 순한 눈에 눈물을 흘리지 마라. 네가 잎이 진 진달래가 아파 서러워하는 것은, 마치 저문 봄의 흐느낌처럼 가슴 아픈 일이니, 제발 그렇게는 하지 마라.

봄은 다시 미소 지으며 올 것이고, 꽃이 사라지는 봄 산은 푸른 싹으로 뒤덮일 것이며, 향기로운 바람이 산을 넘어와 춤을 출 것이니, 어디 꽃만 화사한 봄옷이더냐, 어찌 꽃만 아름다움이더냐.

순희야!

엊그제 비바람에 진달래 꽃잎이 다 져, 산은 주인을 잃은 듯 넋이 나갔구나.

산이 침묵하니 꽃사슴은 울지 않고, 햇살은 그 찬란한 밝음조차 잃었구나.

내 가슴은 비좁아 이 우울한 봄을 담아 둘 곳이 없으니, 이제는 보내야겠구나, 진달래가 져 버린 이 봄을, 진달래가 사라진 산을 바라보며 한없이 서러워하는 너의 환영幻影을.

봄이 이 산을 다시 찾을 때, 그래서 진달래가 이 산골짜기에 지천으로 피어, 네가 그 상기된 웃음으로 진달래 꺾으러 이 산을 다시 걸어 나올 때, 나는 다시 너를 맞으러 오마.

화사한 봄옷 차려입고, 기다림에 설레는 마음을 안고….

찔레

• 그때 나는 일곱 살이었습니다.

세상이, 온종일 나를 따라다니며 까맣게 탄 목을 간지럽히던 햇살처럼 정답고, 모래사장을 뒹굴며 깔깔거리던 웃음처럼 재미있고, 갈마산 위를 떠돌던 흰 구름처럼 한가롭던 때였습니다.

그때의 하루는, 학교에서는 그런대로 놀고, 방과 후에는 본격적으로 노는 것이었는데, 그곳은 땡볕에 달구어진 모래사장과 버드나무잎이 피라미 등짝의 비늘처럼 반짝이는 숲 그늘이었습니다.

그곳은 작고 은밀한 생각들이 연못의 송어들처럼 한가롭게 헤엄치는 장소였습니다.

그 행복한 장소는, 흙탕물이 밴 좁은 진흙길을 지나 둑 너머에 있었는데, 책가방을 벗어 던진 나는 작은 풍뎅이처럼 그 별천지로 숨어들곤 했습니다.

흙탕물이 밴 진흙길은 비가 오지 않아도 매양 짓물렀으므로, 나는 이 길에만 들어서면, 신발을 벗어 들고 맨발에 까치발을 하고 더듬어 가며 걸었는데, 이 진흙길 옆 언덕배기에는 찔레 덤불 하나가 있었습니다.

나는, 4월에는 겨드랑이에 신발을 끼고 서서 이 찔레 덤불의 찔레 순을 꺾어 먹었고, 5월이 되면 무성한 찔레 덤불이 내뿜는 꽃내에 질려, 윙윙거리는 벌들을 고무신 코에 잡아넣어 빙빙 돌리다 땅바닥에 패대기치는 놀이를 하였습니다.

그리고 이 찔레 덤불을 지나면, 길 위쪽에는 언제나 어머니가 돌보는 이랑이 긴 우리 밭이 있었습니다.

어느 날, 나는 빨리 본격적으로 놀고 싶어, 학교에서 집으로 뛰어가다가, 길바닥에 버려진 깨진 유리병을 발로 차 정강이에 깊은 상처를 입었습니다.

나는 정강이에서 흘러내리는 피를 보고 깜짝 놀라서, 절룩거리며 집으로 뛰기 시작하였습니다.

그러나 집에는 축담에 배를 깔고 늘어져, 한참 낮잠에 취해 있던 삽살이가 뛰어나와, 눈치 없이 사색死色이 된 어린 주인의 어깨에 발을 걸치고 얼굴을 핥을 뿐 아무도 없었습니다.

나는 절룩거리며, 분명히 어머니가 있을 이랑이 긴 우리 밭으로 뛰었는데, 그 길은 참으로 긴 여정旅程과 같았습니다.

이부자 집을 지나고 곰보 아저씨 점방집을 지나고, 구장터를 지나서 다시 기와막을 지나고, 작년 봄 금방개가 헤엄치던 논을 지나서…. 나는 나의 상처를 발견하고는, 내가 상처를 보고 놀란 것보다도 훨씬 더 놀라며 상처를 싸매 줄 어머니를 상상하며, 절룩거리며 뛰고 또 뛰었습니다.

진흙길에 접어들면서, 나는 찔레 덤불 저 뒤에 누워 있는 이랑이 긴 밭과 흰 꽃이 한창 만발한 찔레 덤불처럼 흰옷을 입은 어머니를 발견하였습니다.

나는 급한 마음에 신발을 벗는 것을 잊고 진흙길에 뛰어들었다가, 한쪽 신발이 진흙에 빠져 신발을 빼지 못하게 되자, 한쪽 신발은 진흙 속에 버려두고, 발만 빼서 더욱 절뚝거리며 밭으로 달려갔습니다.

상처를 본 어머니는 내가 상상한 것보다 훨씬 놀라며, 치마를 찢어 피가 흐르는 나의 정강이를 둘러맸습니다.

나는 비로소 안도하여, 마치 전장戰場에서 목숨을 걸고 할 일을 다한 병정兵丁처럼 풀밭에 누워, 흰 구름이 날아다니는 한가로운 하늘을 바라보았습니다.

그리고 그날따라 더욱 하얀 찔레 덤불을 보면서, 찔레가 모시 적삼을 입고 언제나 나를 기다리는 어머니를 닮았다는 생각을 하였습니다.

- 그때 나는 서른일곱 살이었습니다.

나는 나프탈렌 냄새와 찌들어 빠진 지린내가 범벅이 된 역한 냄새에 토악질을 하던 기억밖에 없던 도시로 들어왔습니다.

도시는 마치, 벌거벗은 욕망을 아무 부끄러움도 없이 드러내고 헐떡거리는 거대한 동물 같았고, 하루하루 일을 팔아 산 빠듯한 월급은 내게 한없는 서글픔과 외로움을 안겨 주었습니다.

도시는 불안하고 교만한 부유富裕와, 괴죄죄하고 비겁한 가난이 물결치는 더러운 예배소禮拜所 같았습니다.

사람들은 부유하면 부유한 대로, 가난하면 가난한 대로, 자기가 만든 욕망의 신神에게 제물을 바치기 위해 돈을 모으는 노예들이었고, 나는 예배할 신神조차 모호한 얼이 나간 사람이었습니다.

걸어도 걸어도 같은 골짜기만 배회하는, 깊은 산에 갇힌 사람처럼 길을 잃어버렸던 것입니다.

5월 어느 날 암자로 가던 길에, 나는 도랑 가 옆 언덕배기에 앉아 있는 찔레 덤불을 만났습니다.

찔레는 연년이 품어 온 연정戀情을 5월 햇살에 한꺼번에 토해 내듯, 농익은 향기로 벌레들을 불러 모으고 있었고, 진한 찔레 향기가 배어 있는 나의 기억은, 한순간에 나를 일곱 살 저쪽 먼 세월 속으로 데려갔습니다.

온종일 모래바닥을 파닥거리며 뛰놀다 지쳐 쓰러져 바라보던 장밋빛 황혼, 이랑이 긴 밭, 모시 적삼의 어머니, 신발이 빠지던 진흙길, 어머니 모습 같다고 생각하던 찔레, 한가롭게 갈마산 위를 떠돌던 흰 구름….

그 세월은 마치 어느 날 밤에 꾼 달콤한 꿈 같았습니다.

나는 그 땡볕에 달구어진 모래사장에서도 너무 행복하였고, 그 신발이 빠지는 진흙길을 걸으면서도 새처럼 자유로웠고, 그 이랑이 긴 밭만으로도 굶주리지 않았음을 기억했습니다.

내가 경험하는 삶의 모든 질곡桎梏은 나의 욕망이 만든 덫이었습니다.

찔레는 누구도 자리를 다투지 않을 언덕배기에 호젓이 앉아, 생명이 흐르는 소박한 삶을 이야기하였습니다.

나는 지치고 재미없는 뜀박질을 어서 끝내고, 하루빨리 이랑이 긴 밭으로 돌아가겠다고 다짐했습니다.

• 나는 오십을 훌쩍 넘겼습니다.

여류如流하는 세월은 나의 머리에 서리꽃을 뿌렸고, 나는 유년幼年의 기억에는 없는, 철로鐵路를 따라 난 작은 길을 매일 걷습니다.

철길을 따라 난 작은 길은 인적人跡이 없어 한가하고, 철길을 따라 끝없이 뻗어 있는 공간은 내게 묘한 해방감을 주었습니다.

남쪽으로 난 철길을 따라 훈풍이 숨차게 달려오면, 철길 옆 공간의 땅들은 가슴을 열고 더운 숨을 내쉬기 시작하고, 조용한 환희歡喜가 넘치기 시작합니다.

5월 어느 날, 나는 철길 옆 언덕에서 이제 막 피기 시작하는 찔레 덤불 하나와 만났습니다.

매일매일을 같은 길을 걸었지만, 찔레 덤불이 거기 있는 줄은 몰랐습니다.

찔레는 남모르게 언덕배기에 홀로 앉아, 매일 이 길을 걷는 나를 지켜보다가, 5월이 되자 비로소 성장盛裝을 하고 수줍게 자기를 드러낸 것이었습니다.

가슴이 반가움과 애잔한 슬픔에 젖어 일렁이고 있었지만, 나는 한참 동안 그 슬픔의 정체를 몰랐습니다.

세월 저쪽의, 진흙길 옆 언덕배기에 피어 있던 찔레는, 찔레순을 잘라 먹던 어리고 철없는 친구가, 그 찔레가 있는 언덕과 이랑이 긴 밭으로 돌아가기를 30여 년간이나 갈망하면서도 도시를 떠나지 못하자, 스스로 이 메마른 도시를 찾아와, 철둑길 위 버려진 언덕에 자리 잡았다가, 5월이 오자 극적인 해후邂逅를 위하여 성장盛裝을 하고 내게 얼굴을 내밀었다는 것을, 나는 한동안의 정적靜寂이 흐르고 난 뒤에야 비로소 알아챘던 것입니다.

찔레는 나를 바라보며 속삭였습니다.

"꼬마 친구! 참으로 오래간만이지?"

갑자기, 일곱 살 때 온종일 나를 따라다니며 목덜미를 간지럽히던 눈 부신 햇살이 쏟아져 내리고, 어머니의 땀내 젖은 적삼에 안기던 때의 만족감이 나의 전신을 감쌌습니다.

철길 옆 숲에서 나는 새소리는 그 이랑이 긴 밭 위를 비상飛翔하던, 아무 걱정 없던 종달새 노랫소리였습니다.

나는 일곱 살 때의 세월 속에 있었던, 그 아무 걱정이 없었던 행복 속으로 걸어 들어가, 이런저런 것들을 뒤지기 시작했습니다.

봄비가 내리던 날이면 꽃모종을 옮겨 심던 꽃동산, 밀사리하던 동무들의 웃음소리, 임종臨終을 맞아 갓 시집왔을 때 남편의 사랑을 생각하며 눈물짓던 이웃집 할머니의 쇠잔하던 모습, 봄마다 벼랑을 붉게 물들이던 진달래….

그 세월 속에는 아름답지 않은 것들이 하나도 없었습니다.

나는 아직도 버리지 못한 욕망의 찌꺼기가 남아 이 도시를 떠나지 못하는 포로이지만, 그 세월로 돌아가는 것은 아직도 버리지 못한 꿈입니다.

- 찔레 꽃잎이 마르면, 나는 다시 찔레를 잊어버릴지도 모릅니다.

찔레는 세월 저쪽의 친구이고, 세월 저쪽 그때에도 일 년에 한 번 꽃이 필 때면, 모시 적삼을 입은 어머니 같은 모습으로 나와 놀았고, 찔레꽃이 지면 나는 곧 찔레를 잊었기 때문입니다.

또 한 번 세월이 지나면, 아마 나는 여기 이 철길 옆에 앉아 찔레를 보며 눈물을 흘리는 나를 다시 그리워할 것입니다.

사람은 언제나 자기가 경험한 것들을 가슴에 그려 놓고, 그것이 잃어버린 자기라고 생각하여, 그리워하거나 연민憐憫하기 마련이니 말입니다.

풍경 風磬

• 봄

　꽃 피는 봄날, 봄비에 흔들린 마음은 나를 무작정 쌍계사 골짜기로 데려갔습니다.
　쌍계사 골짜기는 바람에 날리는 벚꽃으로 하얗게 아득했습니다.
　쌍계사로 들어가는 길 입구의 벚꽃 터널을 지날 때까지만 해도, 나는 운무에 뒤덮인 산과 봄비가 안겨 주는 눅눅한 여유와, 속살같이 투명한 벚꽃이 내뿜는 환희에 취하여 매우 의기양양했습니다.
　나는 시흥詩興이 도도해져 "쌍계사 벚꽃 길은 임이 없어도 다정만 하더라."라며 제법 호기까지 부렸습니다.
　오로지 벚꽃의 정취에 취하여 만사를 잊었습니다.
　그러나 쌍계사 일주문을 들어서 사천왕상을 보고, 뜨락의 물을 한 모금 마시고 대웅전 앞 탑 전에 서자, 문득 한 자락 바람이 불어와 봄비에 흔들린 마음을 쓸어 갔습니다.

　대웅전 앞뜰에는, 잔설이 쌓인 골짜기에서 내달아 온 바람이 지키고 있다, 산사를 찾는 사람들에 묻은 속기俗氣를 씻어 내는 모양이었습니다.

　나는 새삼스레 엄숙해져 대웅전에 들어가 한쪽 가장자리에 앉았습니다.

　법당 안은 고요와 쓸쓸함과 냉기가 흐르고 있었습니다.

　마음을 살펴보았지만 잡히는 마음은 없고, 한 가닥 외로움이 향불의 연기처럼 피어올라 눈물이 났습니다.

　무엇이 나를 이곳으로 데려왔는지, 외로움의 근원이 무엇인지 추적했으나 종적을 찾을 수 없었습니다.

　봄바람이 대웅전 처마를 지나는지 풍경이 울었습니다.

　"쟁그랑— 쟁그랑—."

　꽃잎 흔들다 들킨 바람이 마음 조려 가며 손끝으로 살짝 밀었는지, 탑을 도는 여인네의 화사한 명주 옷자락 스치는 소리 바람에 흔들렸는지, 풍경은 산사의 적요寂寥를 어루만지듯 가만히 가만히 울었습니다.

　그 소리는 누군가 법당 밖에서 나를 조용히 부르는 소리 같기도 하고, 누군가의 정다운 속삭임 같기도 했습니다.

　그러자 외로움이 향기 같은 그리움으로 바뀌었고, 나는 나의 외로움이 그리움에서 비롯되었다는 것을 알았습니다.

　나를 쌍계사 골짜기로 불러온 것은, 궁색한 살림에 지쳐 철없이 집을 떠났던 여인이, 세사世事를 경험하며 성숙해져 고운 꽃 한 아름 안고 설레는 걸음으로 집으로 돌아오는, 그 수줍고 환한 웃음 같은 봄에 대한 그리움이었습니다.

쌍계사 대웅전 풍경 소리는, 잰걸음으로 집에 돌아온 여인네의 정겨운 속삭임 같은, 쌍계사 골짝 봄의 소리였습니다.

• 여름

꺽다리 무진 스님은 울보였습니다.
헐벗은 아이만 보아도 울고, 만난 지 오래된 사람이 와도 울고, 하늘이 너무 푸르러도 울었습니다.
오래된 유행가를 듣고도 울고, 그가 전공하였다는 첼로 연주에도 울었습니다.
부처가 너무 좋다며 울고, 마리아상이 너무 예쁘다고 울었습니다.
울다가 나중에는, 자기의 울음소리가 너무 슬프다고 울었습니다.
어느 여름, 계곡 속의 대나무 숲에 싸인 스님의 암자를 찾았을 때는, 깨진 술병 하나를 안고 열심히 울고 있었습니다.
하도 한심해서 멀뚱멀뚱 쳐다보는 나를 향하여, 도리어 이상한 놈을 만났다는 듯이 물었습니다.
"애비, 니는 안 슬프나?"
"왜 또 슬픕니까?"
"…오늘 그놈이 술병 하나 사 들고 왔더라. 하도 괘씸해서 마당에 세워 놓고 쫓아냈다…. 그놈이 술병을 놓고 가길래 '이놈아, 이것도 갖고 가라!' 라며 뒤에다 대고 던졌는데 이렇게 깨졌더라…."
나는 '그놈' 이 누군지, 그가 왜 눈물 많은 무진 스님에게 괘씸한 놈이 되었는지는 잘 몰랐지만, 무진 스님은 술 한 병 사 들고 화해를 위하여 자기를 찾아온 사람을 선 자리에서 쫓아 보낸 것이, 그 인연의 비틀림이 못내 마음에 걸리고 아파, 깨진 술병을 안고 울고 있었던 것입니다.

그날은 보름이었습니다.

대숲에 둘러싸인 암자의 마당에, 보름달 빛이 하염없이 내려 쌓이고 있을 때, 무진 스님은 승무복 차림으로 낡은 카세트 하나를 들고 마당에 나타났습니다.

무진 스님은 승무僧舞 기능보유자였습니다.

스님은 푸른 달빛을 타고 나타난 한 마리 하얀 새가, 하늘길이 피곤하여 날개를 쉬기 위하여 땅에 내려앉는 듯, 달빛 쌓이는 마당에 가만히 내려앉았습니다.

카세트를 켜자 삼현육각의 웅장한 운율이 달빛을 타고 날았습니다. 땅과 이끼 낀 바위와 침묵하던 나무가 다투어 소리 지르고, 바람이 가락을 만든 대차고 아름다운 소리였습니다.

새끼 잃은 한 마리 슬픈 학이 긴 목을 외로 꼬고, 새끼의 죽음을 위로하는 진혼鎭魂의 춤을 추듯, 스님은 춤을 추기 시작했습니다.

장삼 소매를 길게 늘어뜨린 몸짓이 하도 은근하여, 달빛이 스님의 어깨에 내려와, 슬픈 고뇌를 담은 염불장단과 어울려 같이 놀았습니다.

오늘에 맺어진 아픈 인연을 알려면, 아득하고 먼 아승지겁의 세월에 얽힌 사연을 알아야 하리라.

땅은 밤의 정령精靈이 깨어날까 지르밟고, 긴 장삼 소매는 달빛을 쓸어 담아 아득한 하늘에다 털었습니다.

오늘의 아픈 인연의 끈을 끊어 피안으로 가려면, 사무치도록 그립고 쓰린 정情부터 잊어야 하리라.

도드리장단이 "덩덩 덩더쿵" 타령으로 바뀌자, 꺽다리 스님의 긴 팔은 새봄의 노란 종다리꽃 위를 이리저리 날으는 나비의 날갯짓처럼 가벼워졌습니다.
그리고 활갯짓 같은 장삼놀음에 재미가 붙었는지, 몸짓이 사뭇 화냥기 못 견디는 바람난 여편네 방정맞은 몸짓처럼 건들거리다가, 굿거리장단에 접어들자, 달빛에 젖은 어깨가 봄바람에 흔들리는 실가지처럼 요염하게 간들거리기까지 했습니다.

그러나 정이 없으면 삶도 없어라. 삶은 달고 쓴 정이더라.

스님은 한낮의 아픔을 잊은 듯, 자규가 슬픈 제 울음이 슬퍼 목에 피가 맺히도록 울어 젖히듯, 그가 만들어 내는 춤사위에 몰입하여, 한恨을 다 털어 내어 새하얗게 된 혼령처럼 너울거렸습니다.

고뇌와 진여眞如는 따로 없어 항간의 쓰린 정이 진여이더라.

너무 느리고 무거워 땅으로 꺼질 듯, 너무 가벼워 새털처럼 날아 검불처럼 사라질 듯, 너무 흥겨워 두 어깨가 미친년 조리방정 떨듯, 너무 애닯아 억장이 무너져 내려 흐느끼듯, 스님의 춤사위는 골짝에서 발원하여 바다로 흘러드는 개울물 흐름처럼 쉼 없이 바뀌었습니다.
자진가락에 흥이 삭아, 춤사위가 찬 서리에 북쪽으로 떠나는 기러기 날갯짓처럼 외로워지자 갑자기 콧등이 시려 왔습니다.
스님은 춤을 출 때만 슬픔을 잊는 슬픈 새였습니다.

춤이 끝나자 달도 기울어, 암자는 한바탕 걸팡진 잔치가 끝난 집처럼 썰렁해졌습니다.

대숲에서 일어난 바람이 처마를 지나다가 풍경을 만졌습니다.

"댕그랑— 댕그랑—."

한여름 암자의 풍경 소리는, 꺽다리 스님의 달빛처럼 슬프고 여린, 검불처럼 가벼운 영혼의 소리였습니다.

• 가을

길상암 가파른 골짜기는, 벌써 오만 가지 단풍이 만든 황홀한 꽃밭이었습니다.

산을 오르던 바람도 단풍을 실어 나르다 붉게 물들어, 종내 그 발길인 하늘조차도 붉게 물들일 지경이었습니다.

나는 늦었지만 명우 스님을 조문하러 왔다는 추연偶然한 목적을 잊어버리고, 잠시 온 산을 갖가지 색깔로 물들인 단풍에 정신을 빼앗겼습니다.

스님은 길상암 작은 방 한 칸, 기념실 벽면에 흑백사진 한 장이 되어 모셔져 있었습니다.

나는 사진 앞에 향을 피우고 두 번 절했습니다.

오래된 방에서 나는 메케한 냄새가 스님을 그립게 하였습니다.

스님의 생전에, 나는 산속의 맑은 물소리 같은 스님의 염불에 취하여 매년 휴가 때면 길상암 방 한 칸을 얻어 여름을 지내곤 했습니다.

어느 여름, 명우 스님의 노모가 며칠간 길상암에 머물다 갈 때였습니다.

햇살이 소나무 그늘을 지나 길상암 지붕을 내리쬐고, 매미가 한가롭게 울 때쯤, 스님의 어머니가 깨끗한 모시옷으로 갈아입고 길상암 계단에 섰습니다.

　노모는 연신 손수건에 눈물을 찍어 내면서, 발길이 떨어지지 않아 계단을 내려서질 못하고 있었습니다.

　"그만 가소!"

　스님이 처마를 바라보며 퉁명스레 던졌습니다.

　"같이 가자…. 이것이 마지막 길이다."

　노모가 얼굴을 감싸며 계단에 무너져 내렸습니다.

　"울긴 와 우요! 내가 출가한 지가 언젠데 지금까지 이러는 거요. 그만 가소! 가도 마음은 이 산속에 있을 것인데 가도 어디를 가는 것이란 말이요."

　"이게 마지막 길인데…. 이래도 되느냐?"

　"나면 죽고, 만나면 헤어지는 것이 이치인데 무얼 거리 애착하요. 그만 가소!"

　스님은 횡하니 적멸궁 쪽으로 올라가 버렸고, 혼자 남은 노모는 계단에 쓰러져 흐느끼다 비틀거리는 걸음으로 산을 내려갔습니다.

　스님의 방에 걸려 있는 사진에는 삭발을 한 20대 초반의 잘생긴 젊은이가 웃고 있었지만, 당시 스님은 풍채가 남다르게 당당한 50대의 장년이었습니다.

　노모는 새파란 아들이 출가한 지 30여 년이 지나도록 집으로 돌아오기를 기다리다, 생의 마지막을 예감했는지 자식을 데리러 왔던 것입니다.

　그러나 그 얼마 후 스님은 갑자기 열반하였습니다.

　나는 스님과 윤회輪廻를 이야기하던 툇마루에 걸터앉아, 추색에 물든 산자락을 보며, 스님과 노모의 아픈 인연과 인연의 덧없음을 생각했습니다.

뒷마루에는 가을 햇살이 쓸쓸하게 내려앉았는데, 할머니 한 분이 스님이 쓰시던 방에서 나와 마루에 앉았습니다.

어쩌면 계단에 쓰러져 우시던 스님의 노모 같기도 하고, 절에 생을 마감하러 온 무의탁 노인 같기도 했습니다.

가슴 한가운데로 골짝 바람이 지나가고, 아름답기만 하던 산사山寺가 갑자기 죽음과 영원한 이별, 그리고 산 자의 연민憐憫으로 수놓아진 슬픈 그림같이만 느껴졌습니다.

산속을 헤매는 붉은 바람이 처마의 풍경을 흔들었습니다.

"댕그랑 댕— 댕그랑 댕—."

사람은 바람 같은 나그네라고, 삶이 엮은 정이 아무리 질기고 두터워도 덧없는 것이라고, 삶은 한 생각이 일어났다 사라지는 것일 뿐이라고.

길상암 풍경 소리는 그 절절하던 노모의 정을 떨치고 돌아서서, 피울음 터뜨리며 정진精進에 매달렸던 명우 스님의 깨달음의 염불 소리였습니다.

• 겨울

눈발이 휘날리는 표충사 뜰, 정적靜寂을 만나러 갔다가 고함보다 더 큰 몸짓으로 하늘을 움켜잡고 선 고목과 정적을 깨우는 죽비 소리 같은 풍경 소리를 만났습니다.

풍경 소리는 산사山寺를 감싼 정적도 깨우고, 정적을 찾는 마음도 깨웠습니다.

대웅전 풍경 소리가 하도 명랑하여, 경내를 빠져나오면서 풍경 하나 사서 몰래 집 처마에 걸어 두었습니다.

 풍경이 밤새 울었습니다.

 "땡그렁 땡 땡그렁 땡."

 긴 밤을, 어렸을 적 어머니의 손에 이끌리어 갔던 고색이 창연한 산사와, 산사의 낡은 벽에 그려진 흰 호랑이, 바위에 선 고목枯木의 꿈에 가위눌리어 지샜습니다.

 촌락에서 자란 집사람은, 아침잠에서 깨어 방문을 나서며 혼자 중얼거렸습니다.

 "밤새도록 이 도시 한복판에 무슨 소 요롱 소리고?"

이 아름다운 세상

 문득 바람기에 살가운 흙냄새가 묻어나고, 목덜미가 훈훈해지며 이유 없이 가슴이 설레므로 나는 알아차렸다.
 "아하! 봄이 왔군."
 봄은 바람이 불어오는 저 산등성이를 넘고 있었고, 한낮쯤이면 시내의 대로를 활보할 것이다.
 그래서 나는 다짐했다.
 봄바람이 새로운 치장을 하는 빌딩의 화려한 쇼윈도와, 길거리 노점의 초라한 좌판, 그리고 노인들이 모여 앉아 화투를 치는 공원의 콘크리트 바닥을 기웃거릴 무렵에는, 나도 형광등이 켜진 사무실과, 그날 하루에 끝내야 할 풀리지 않는 일들과의 씨름에서 떠나, 넥타이를 너절하게 풀고, 단추를 풀어헤친 바바리 주머니에 손을 찔러 넣고, 할 일 없이 봄바람과 같이 대로를 기웃거릴 것이라고….
 그러나 나는 해마다 봄바람과 같이 대로를 활보하고 싶다는 충동에 사로잡히기만 했을 뿐, 이를 한 번도 실행해 본 적이 없었다.

월급쟁이라는 끈이 나를 마음대로 나돌아다니도록 내버려 두지 않았고, 설사 내가 이런 끈을 풀고 거리를 나돌아다닌다고 하더라도, 마음은 책상 앞에 쪼그리고 앉아 끙끙 앓고 있을 것이므로, 대낮에 봄바람처럼 거리를 흘러 다닌다는 것은 실로 어려운 일이었다.

여러 차례의 시도에서 실패한 나는, 이처럼 일거리가 쌓인 바쁜 대낮에 거리를 한가하게 활보하는 데는, 병사가 총알이 날아오는 전선戰線을 뛰어나가는 만큼의 모험적 결단이 필요하다는 사실을 알게 되었다.

모두가 생업에 매달려 있는 시간에, 오로지 봄바람 때문에 가슴이 설레어 사무실을 나와 할 일 없이 거리를 활보한다는 것은, 정신을 소풍 보낸 사람이거나, 인생에는 이러한 땡땡이가 때로는 머리카락이 빠지도록 일하는 것보다 훨씬 값진 일이라는, 어떤 달관達觀이 없으면 도저히 생각해 낼 수 없는 일이기 때문이다.

과문한 내가 손을 꼽아 보았을 때, 이러한 종류의 땡땡이를 칠 만한 달관자는 별로 많지 않은 것 같았다.

조주趙州 선사는 납자들이 불법佛法을 물으면, 누구에게나 "차나 한잔하고 꺼져라[喫茶去]."라고 하였다는데, 나는 이 말을 듣는 순간, 선사야말로 달관한 중이었다는 사실을 알게 되었고, 그 순간부터 선사를 존경하는 생각이 무럭무럭 솟구쳤다.

납자들은 눈을 새파랗게 뜨고 불법을 알겠다고 선지식을 찾지만, 화두라는 생각을 붙잡고 씨름을 하는 짓이나, 불법을 찾는 구도심 또한 납자들 스스로 만들어 낸 망상妄想일 것이 분명하므로, 뜬 소리 그만하고 차나 한잔하고 가라고 한 말일 것인데, 이 말이 화두話頭가 되어 불가佛家에 회자한다는 것은, 과문한 나로서는 참으로 이해할 수 없는 일이었다.

　만물은 그 태생胎生이 완전하여 더 찾을 것이 없는데, 유독 사람만이 소갈증消渴症에 걸린 것처럼 무언가 목마르게 찾아다니면서 괴로워한다고 부처님도 푸념하지 않았던가!

　가치를 추구하는 행위가 맹목적이고 부질없는 것이라는 사실을 알 때 비로소 달관이라는 것이 얻어지는 것이라 할 것이고, 적어도 그 정도는 되어야 봄바람을 맞으러 가는 땡땡이가 부담스럽지 않을 것이다.

　저 옛날 황량한 중동에 살았던 예수라는 젊은 구도자는 "들의 백합화를 봐라. 솔로몬의 영화가 그보다 못하였다. 하늘을 나는 새는 길쌈을 하지 않아도 하나님이 먹여 살린다."라고 외치고 다녔는데, 관습으로 혼탁해진 사람들 눈에는 세상이 있는 그대로 보이지 않으므로, 꿈에서도 이런 말을 할 수 없다.

　얼마 전 하늘로 간 천상병 시인은, 세상살이를 소풍놀이 나온 것이라고 읊었는데, 소풍놀이란 말 그대로 바람처럼 유유히 노니는 것이므로, 진정한 소풍은 달관이 없으면 불가능한 일이다.

　마음 없이 봄볕과 노닌다는 것은 결코 만만한 일이 아니다.

　사람들은 내가 오늘 아침 봄바람에 동하여 땡땡이 치는 문제를 놓고 '달관'이 어쩌고 하는 것을 보면 가소롭다 할 것이다.

　그러나 이 문제는 결코 가벼운 일이 아닌 것으로, 구태여 문자까지 동원하자면, 형이상학적形而上學的인 것에 국한된 문제가 아니라, 형이하학적形而下學的인 문제와 깊은 관련이 있는 문제이므로 우리는 좀 더 상고詳考해 보아야 한다.

　이태백은 술에 취하여 강에 비친 달을 잡겠다고 호기를 부리다가 강에 빠져 죽었다고 소문이 났으므로, 그야말로 소풍놀이다운 인생을 살다 갔다고 할 수 있겠으나, 두보杜甫는 노년에 가난을 이기지 못하여 굶주렸고, 결국 주린 배에 음식을 급히 먹다 체하여 죽었다는 소문이 있다.

이는 매우 불행한 일이므로, 관념을 희롱하고 탐닉하기를 좋아하는 묵객墨客들에게 고뇌를 던져 주기에 충분하다.

인생을 소풍놀이로 아는 사람이나, 정신적인 열락悅樂에 탐닉하는 사람들은 대개 돈에 대한 관심이나 재능이 희박한 사람들로서, 거의 돈이 없고 한때 벼슬을 한 두보의 경우도 다르지 않았다는 말이다.

열락을 향유할 정신적 그릇은 만들어져 있는데, 물질적 토대가 없다는 것이야말로 묵객들의 고뇌이고, 불행하게도 묵객들은 이 때문에 더욱 세월을 초월하여 감동을 주는 글을 쓰게 된다고 우기는 것이 세속의 사람들이니, 일부의 묵객들은 굶주림이나 구애求愛 때문에 목이 아프도록 우는 새와 같은 서글픈 존재들이다.

결국, 봄바람에 동하여 뛰쳐 나가려는 충동의 뒷덜미를 잡아채고 놓지 않은 것은, 실직失職과 가난, 굶주림에 대한 공포다.

그러나 달관達觀은 이러한 공포에 외포畏怖되지 않는 관념일 것이다.

나는 문을 박차고 밖으로 나갔다.

잘게 쪼갠 황금 싸락 같은 눈 부신 햇살이 와락 밀려와 나를 포옹하고, 훈훈한 바람이 달려와 내 손을 잡았다.

나는 매우 충만하고 뿌듯해졌다. 단번에 남포동 거리로 나가, 바야흐로 마네킹들이 화사한 봄옷으로 바꾸어 입는 쇼윈도와, 보석들이 찬란한 보석상, 포르노 테이프가 거만하게 좌판 위에 올라앉아 있는 노점상, 사람들이 파리 떼처럼 들러붙어 있는 먹자골목, 그리고 구두방이 늘어선 좁고 그늘지고 퇴폐적인 냄새가 흐르는 골목길, 할 일

없는 여자들이 넘쳐흐르는 거리를, 꼬리를 살랑거리는 바람난 암캐처럼 기웃거렸다.

그리고 계단을 걸어 용두산 공원에 올라, 어지간해서는 길을 터 주지 않는 비둘기 떼를 공중으로 날렸다.

비상飛翔은 언제나 환희와 전율을 가져다준다.

용두산 공원에는 자유와 한가함이 바람처럼 유영遊泳하고 있었다.

"인상이 좋네요! 새점 한번 보세요."

삶의 그늘이 진 눈을 깊은 모자에 감춘 새점집 아주머니가, 누구에게나 하는 말에도 기분이 좋아져서, 나는 새가 어느 것을 선택하여도 좋은 말만 쓰여 있을 것이 분명한 새점도 보고, 따스한 햇살이 쌓여만 가는 의자에 깊숙이 퍼질러 앉아, 시계탑 뒤에 펼쳐진 공원을 바라보았다.

한 떼의 아이들이, 마치 푸른 강 언덕을 뛰어다니는 것처럼 블록 위를 마구 뛰어다녔고, 성경책을 들고 천국을 외쳐대는 초로의 남자, 대낮에 술에 취하여 나무를 안고 누운 여자, 그 옆에서 하늘에 삿대질을 해대며 열심히 싸우는 한 무리의 아주머니들, 그런 일들을 마치 남의 나라에서 일어난 일이기나 한 것처럼, 거들떠 보지도 않고 장기를 두는 노인들, 청룡 조각 앞에서 사진을 찍는 신혼 부부, 까만 양복에 세련된 장죽을 흔들며 젊은 여자와 걷고 있는 반백의 신사, 바람에 나부끼는 긴 머리카락을 버려둔 채, 하염없이 부산항을 내려다보는 젊은 여자, 노천 카페에 둘러앉아 병맥주를 마시는 한패의 젊은이들, 땟국에 절은 옷에 얼굴을 파묻고 따가운 햇볕 속에 웅크리고 있는 노숙자, 그리고 끝없이 비상과 착륙을 반복하는 비둘기 떼들이 공원을 수놓고 있었다.

그 모습은 고뇌와 환희를 거듭하며 물결처럼 흘러가는 세상을 그려 놓은 한 폭의 그림과 같았다.

내가 태어난 이래 내게 비친 세상은 언제나 이처럼 무질서했지만, 오늘 봄볕에 드러난 세상은, 한 가닥 부족함도 넘침도 없이 너무도 자연스러웠다.

가슴 깊은 곳에서 무어라 형언하기 곤란한 환희가 괴어오르고, 어떤 흥겹고 정다운 노래가 속삭임같이 새어 나왔다.

"푸른 하늘과 흰 구름을 봅니다…. 아이가 우는 소리를 듣고 아이가 자라는 것을 봅니다. 이 얼마나 아름다운 세상인가 하고 생각했지요."

비곗살이 오른 늙은 흑인이 새까만 얼굴에 땀을 뻘뻘 흘리며, 녹이 슨 쇠를 긁는 소리로 '이 아름다운 세상(What a wonderful world)'을 노래하는 모습이 공원의 모습과 겹쳐졌다.

노래하는 흑인은 어떤 축복에 겨워하는 것 같았다.

나도 점점 따가워지는 봄볕이 내리쬐는 의자에 앉아, 그와 함께 이 아름답고 환희로운 화엄華嚴의 세상을 경탄하며 노래했다.

"예! 정말 아름다운 세상입니다(Yes, I think to myself what a wonderful world)."

벚꽃 아래서

벗이여!
새벽이 피워 올린 안개가 걷히며 드러나는 저 눈부신 길을 향하여 나서려 하네. 오랫동안 마음먹은 일이니, 또 다른 이유가 불쑥 나타나 발목을 잡거나, 안일한 게으름이 내 허리띠를 붙잡기 전에 가려 하네.

메마른 바람이 불어와 마음이 나그네처럼 외로워질 때보다는, 봄바람에 산란해진 둑 위로 싹들이 돋아나는 지금이 좋지 않겠는가!

몸을 누이던 작은 집을 팔아 비단옷 한 벌 장만하고, 내 목줄 같은 돌밭을 팔아서 화관花冠도 하나 사겠네.

지금껏 걸쳐 온 이 낡은 것들을 벗어 버리고 저 화려한 것들로 치장하면, 나는 깜깜한 하늘에서 단아하게 빛나는 달처럼 환해져서, 뭇 짐승들이 잠자는 골짝의 하늘에 총총히 빛나는 별들조차 나를 부러워할 것이네.

이제 자네의 그 다정한 조언도 필요치 않네. 생각해 보니 세상의 진리는 남의 말에서 배우는 것이 아니라, 내가 경험하여 수용하는 그것이었네.

이제는 코뚜레에 코를 꿰인 소처럼 남의 명령을 기다리거나 멈칫거리지 않을 것이네. 부끄럽기만 하던 여인이 가슴 떨리는 삶의 비밀을 알아차려, 평생 수줍게 숨겨 온 고운 속살을 내보이는 것조차 개의치 않고 노래하고 춤추듯, 처음 눈을 뜬 맹인이 마침내 하늘을 발견하고 환호하며 춤을 추듯, 윙윙거리는 벌 떼를 머리에 이고, 오늘 하루만, 꼭 오늘 하루만 살 것처럼, 그 모진 한겨울을 견뎌 온 인내의 힘을 폭발시켜, 온 힘을 다하여 꽃을 피우는 저 벚꽃처럼 살다 가려 하네.

내 젊은 사랑은 왜 그리도 수줍었을까. 아아! 기다림은 왜 그리 아득한 밤처럼 길었을까.

아! 삶을 살면서도 왜 삶의 의미를 그렇게 물었을까.

작고 초라한 사랑아! 초조하고 안타깝기만 하던 기다림아! 이제는 가라!

햇살이 부러워할 호화로운 비단옷 차려입고, 4월 정원의 꽃들보다 더 곱고 높은 화관을 쓴 나는, 사향을 몸에 품고 내가 찾던 여인에게 달려가, 내 숨겨 온 안타까움을 고백할 것이네.

봄이면 남으로부터 생명을 가져오는 봄바람을, 여름이면 문득 호수 위로 달려와 후두둑 적요寂寥를 깨며 쏟아지는 소나기를, 가을이면 천지를 만 가지 빛깔로 물들이는 산을 찬탄할 것이네.

겨울이면 하얀 침묵의 세상으로 들어가 겨울 양식을 마음껏 쌓아둔 짐승처럼 칩거하며, 그 옛날 신화 속의 거인처럼 장작을 패며 살 것이네.

해가 자리를 옮길 때마다 하루의 색깔이 어떻게 바뀌는지, 새는 대체 왜 그리 아름다운 소리로 종일 울어대는지 알아낼 것이네.

꽃과 풀을 키우는 냇물을 따라 발이 부르트도록 걷고, 굽이굽이마다 길을 여는 산을 넘으며, 눈이 시리도록 아름다운 저 생명들의 환호작약歡呼雀躍하는 몸짓을 노래할 것이네.

마치 철없는 아이가 아무 근심 없이 뛰어놀듯, 바지를 걷어 올리고 산야를 뛰어다니며, 하늘을 마음껏 날며 쉬지 않고 노래하는 종달새를 보며, 나는 그 방종스런 자유를 배울 것이네.

아! 세상은 얼마나 경이로운가! 나 또한 얼마나 경이롭고 아름다운 존재인가!

나는 벗들이 두드리는 장단이 없어도, 작은 사슴 새끼가 정신없이 풀밭에 뛰어놀듯, 배고픈 작은 새가 먹이를 발견하고는 친구들을 부르는 춤을 추듯, 밤새워 춤을 출 것이네. 그래도 하루해가 아쉬우면 짝이 그리워 목에 피가 흐르도록 우는 소쩍새처럼 밤새워 노래할 것이네.

마침내 비단옷이 해져 거칠어진 살이 드러나고, 화관이 허물어져 내 남루해진 모습을 사람들이 비웃으며 "저 봄바람에 미친 철없는 사람을 봐라!"라며 손짓을 해도, 나는 봄날의 그 높은 하늘 위를 마음껏 날며 노래하는 종달새처럼 산 날들을 후회하지 않을 것이네.

내 성장盛裝이 허물어져, 마치 어둠을 실은 거친 바람이 불어오는 벌판에 홀로 선듯 허허로워도, 나는 그날들을 후회하지 않을 것이네. 또한 그 길을 선택한 내 영혼을 나무라지도 않을 것이네.

벗이여! 자네 또한 삶의 희열을 열망하여 이 세상을 선택한 한정限定 지을 수 없는 가없는 존재가 아니던가! 대체 이 삶의 과정에 어떤 기준이 있어 후회하거나 반성해야 한다는 말인가!

그냥 이 있음만으로, 이 놀라운 존재 자체만으로 충분하지 않던가.

벗이여! 저 화려한 벚꽃이 질 때도 나는 서러워하거나 절망하지 않을 것이네. 자네는 지는 벚꽃의 몸짓을 보았는가? 벚꽃이 그 순결한 잎을 떨구며 사라지는 봄과 송별할 때, 마치 천만 마리 나비 떼가 한꺼번에 쓰러져 목숨을 던져 버리는 듯 장렬하지 않던가! 하루 일을 끝낸 태양이 황홀한 노을 속으로 사라지는 모습처럼 아름답지 않던가! 그 비장한 아름다움을 세상 어떤 아름다움에 비교할 수 있을까!

또한 그 모습은 사람이 세상을 버리며 최후로 하는, 그 온후하고 정어린 말처럼 순수하고 꾸밈이 없지 않던가!

나는 저 지는 것조차, 저 사라지는 것조차 아름다운 저 세상 속으로 가려 하네.

온갖 악귀들이 찾아와 속삭이는 고뇌의 긴 밤과 달콤한 내일의 계획과 감미로운 상념을 여지없이 부수는, 도시의 거친 욕망이 만들어 내는 불안과 이제 이별하려 하네.

생각해 보니, 그 어두운 바다처럼 깊은 고뇌와, 험난하고 두려운 현실은 바로 내가 만든 상념에 불과하였네. 나는 그 안개 같은, 햇살만 비추면 당장 사라질 그 헛것에 포로가 되어 있었던 것이네.

보게! 안개가 걷히자 드러나는 저 길에는 얼마나 많은 자유가 깃들어 있는지, 또한 언제 달려와 나와 대면하게 될지 알 수 없는, 얼마나 많은 미지未知의 모험들이 숨어 있는지.

벗이여! 내가 울먹이며 혹은 바쁘게 살아온 삶에서 얻은 것은 무엇일까?

큰 부富는 생각한 바 없으니 얻은 바 없고, 권력도 추구한 바 없으니 가진 바 없네. 생각해 보니, 내가 진정 추구한 것은, 아침을 깨우는 새소리에 잠을 깨어 이슬에 젖은 들길을 걷는 여유, 단 하나의 사랑과 그 가슴 떨리는 전율, 계절마다 달라지는 바람의 내음에 취하고, 벚꽃의 그 순결한 빛깔을 뜨거운 입김으로 찬탄하며, 햇살을 가득 짚어지고 마음 내키는 대로 새로운 모험을 찾아 나서는 자유였네.

벗이여! 이제 나는 그런 것을 찾아가려 하네.

지금, 벚꽃이 하염없이 지고 있네. 저 사라짐조차 눈물겹도록 아름다운 모습은 내 가슴에 사무쳐 영원할 것이네.

언젠가 내게 다가올 사라짐 또한 저같이 아름답고 장렬해야 할 것이니! 이제 나를 옭아매는 이 비루한 관념들의 사슬들을 끊어 버리고, 성큼 저 빛 속으로 걸어가려 하네.

벗이여! 부디 내 발걸음을 축복해 주게.

생각 바꾸기

　나는 클레오파트라와 산다. 아니 전생이 클레오파트라였던 여자와 산다.
　그녀의 낮고 작은 코와 우리의 가난한 살림이 이 사실을 증명한다고 믿는다. 클레오파트라의 코가 한 치만 낮았더라도 세계사가 바뀌었을 것이라는 역사가의 말을 빌린다면, 그녀의 코는 도도한 산처럼 위엄 있고, 상아로 깎은 듯 단아하고 아름다웠을 것으로 짐작된다.
　인생은 유전流轉하며, 후생後生은 전생의 반대적 삶을 경험하기 위하여 선택되어지는 것일 것이므로, 고귀한 권력자이며 세상 최고의 부자였던 클레오의 후생은, 반드시 낮은 코에 가난한 살림살이를 살 것이 분명한데, 우리 집 그녀는 그러한 조건을 넉넉히 갖추고 있기 때문이다.
　그녀가 권력의 권위를 별로 부러워하지 않고, 신비한 영적 체험 같은 것에 대하여 콧방귀를 뀌고, 종교적 삶을 시시한 인종들의 유난

정도로 치부하여 관심이 없는 것도 그 하나의 증거로 보이는데, 그녀는 전생에 그런 것을 마음껏 누리고 체험하여, 이제 그런 것에는 신물이 나 있기 때문일 것이라고 믿기 때문에, 나는 그녀의 낮은 코나 비종교적 삶에 대하여 별 개의치 않는다.

평생을 성스러운 제사장들에 둘러싸여, 필요하다면 인신공양人身供養까지 바쳤을 사람이, 그리고 세상에서 가장 강력한 국가의 권력을 누린 사람이, 무엇 때문에 또다시 그런 것에 흥미를 가지겠는가?

그녀는 전생前生의 반대적 삶을 살기 위하여, 그렇게 우여곡절 끝에, 하필 나 같은 돈도 별로 없고 소견도 좁고, 권력의 문턱에도 인연이 없는 무지렁이를 만났을 것이다.

지금 그녀는 참으로 소박하게 살지만, 별로 불만이 없고 후회 또한 없어 보이는데, 이게 바로 그녀가 전생에서 고귀한 신분으로 세상의 아름다움과 사랑을 전부 누렸다는 증거라 짐작한다.

그녀가 나를 '시저'나 '김유신' 장군, 혹은 '나폴레옹'과 같은 영웅이나, 하다못해 말 잘하는 지방 의원과 나를 비교하여, 나의 한없는 나약과 가난 그리고 옹졸을 비방하지 않는 것을 보고, 그녀가 이미 수차례 영웅들과 교우하여, 그들의 욕망이나 희로애락이 사실 평범한 인간들과 조금도 다르지 않다는 것을 충분히 체험했기 때문이라고 생각했으며, '알랭 들롱'과 같은 미남과 나를 비교 경량輕量하여, 나를 '마른 멸치대가리' 같다거나 '말대가리' 같다거나 하며 비방하지 않는 것을 보고, 그녀는 이미 여러 차례 세기적인 미남들과 숱한 스캔들을 유발하여, 그러한 것에 엄청난 내공을 쌓은 것이 분명하다는 확신을 갖게 되었다.

세계를 제패한 로마의 사내와 눈이 맞아 아이까지 낳아 보았고, 제국帝國의 멸망을 죽음으로 함께한 여자에게, 더 추구할 만한 영광이 남아 있을 리가 있겠는가!

그녀에게 추구할 것이 남아 있다면, 그녀가 신물이 나도록 누리다 버린, 잘난 사내, 권력과 부富 같은 것과는 전혀 다른 가치일 것이다.

말하자면 오늘 내가 가지고 있는 가난이나 골치 아픈 일상의 갈등, 이 구질구질하고 작은 것들에서 얻어지는 작지만 맑은 샘물 같은 기쁨 같은 것일 것이다.

오늘의 그녀는, 수천수만 년의 영광과 실패, 호화와 비참, 호색好色과 경건敬虔, 종교적인 삶과 비종교적인 삶, 아름다움과 추함, 길함과 흉함의 세상 풍파가 만들어 낸 최종적인 작품이므로, 그녀의 삶을 그녀의 코가 조금 낮다고 하여 함부로 평가해서는 안 될 일이다.

그녀는 역사의 유물이며, 또 앞으로 세세토록 또 무언가 더 다른 것을 경험하기 위하여, 다시 모습을 바꾸어 가며 세상에 현신現身할 영원한 생명이기 때문이다.

나는 늘 바쁘고 할 일이 많다.

가난한 것이, 재주도 없는 것이, 호연지기浩然之氣도 없는 것이 늘 바쁘니, 머리털이 안 빠지고 희어지지 않고 어떻게 배겨날 수 있겠는가!

우선, 나와 전생의 클레오파트라가 하루하루 일용양식을 벌어야 하고, 직장에서 버림을 받았을 때 먹고살아야 할 호구지책을 만들어야 한다는 걱정으로 머리를 싸매야 하고, 매일 아침 신문기사를 보고 정치하는 놈들 더럽다고 혀를 차며 욕지거리를 내뱉어야 하고, 신문에서 대서특필하는 베스트셀러를 이번 주에는 꼭 한 권 사서 읽어 보아야겠다고 새로운 결심을 해야 하고, 순간순간 죽 끓듯 끓어오르는 변덕의 번뇌를 여의기 위하여 수행修行도 해야 하고, 좋은 책 한 권은 남겨야 사람값 하고 죽는 것이 아니냐며, 시시때때로 나를 경책輕責하며 자아비판自我批判해야 하고, 죽을 때 앉아서 죽을 준비도 해야 할 것이 아니냐고 들볶고, 봄이 가고 여름이 가도 시 한 편 못 쓰니 산 사람이 맞느냐고 안달을 한다.

들볶는 것이 이력이 난 일이라, 들볶지 않는 한가함은 오히려 거북하니 큰 병임이 분명하다.

이 분주하고 잡다한 계획들을 다 이루려면, 아마 나는 태어나고 죽는 고통의 그 구차한 번거러움에도 불구하고 다시 열 번은 태어나야 할 것이고, 내가 열 번을 다시 태어나면, 나는 아마 다시 백 번을 태어나야 할 수 있을 것들을, 이상한 관념觀念으로 포장하여 만들어 내어 또 나를 들볶을 것이다.

나의 이 병은 분명 옹졸한 천성天性일 터인데, 이 병증病症으로 미루어 보면, 나의 전생은 게으른 놈팽이였거나, 수행한답시고 경전經典의 먹물로 머리를 어지럽힌 땡초였을 것이고, 그 죄로 이생에서는 자잘하고 바쁜 일상을 만들어 가며 살고 있는 것이 분명할 것이다.

나는 한 생각 털어 내지 못하여 만념萬念을 이어 가는 중생衆生의 표본일 것인데, 교회나 절을 찾지 않아도, 종교 서적 하나 읽지 않아도 죄책감도 없고 애달픔도 없는 클레오는, 분명 전생에 한 소식한 사람임이 분명하다.

클레오는 수많은 생각을 한순간도 쉬지 않고 만들어 내는 것이 사람의 마음이므로, 마음이 만든 생각에는 결코 휘말릴 수 없다는, 그래서 모든 것에서 초연할 수 있는 명석한 깨달음을 얻은 것이 분명하다.

나는 이제 나의 옹졸한 생각으로, 그녀가 3년이 지나도록 그 흔한 교양서적 하나 읽지 않는 반지성적反知性的 여성이라거나, 생존의 급박함을 이유로 돈만 밝히는 속물이라거나, 유행가 가사처럼 고상한 태가 없다거나 하는 등의 철없는 불평으로 그녀를 폄하하지 않을 것이다.

그녀의 전생을 알고 이해하면, 그런 생각은 얼마나 철없고 무지한 일인가!

나는 이렇게 생각을 바꾸었다.

추운 날

밤 10시가 넘은 지하철 안은 공허하다.
희뿌연 형광 빛 아래로, 하루의 피곤과 지쳐 죽어 버린 아침의 설레임이 늘어져 있었다.
천장의 손잡이들조차 텅 비어 썰렁하고, 좌석들은 늙은이의 이빨처럼 군데군데가 비어 있었다.
나는 아침 출근길과는 달리, 아무 눈치도 보지 않고 노약자 좌석에 몸을 앉혔다.
더벅머리 사내의 어깨에 머리를 기대고 조는 생머리 여학생, 중절모에 장죽으로 턱을 괴고 하염없이 천장을 바라보는 노인, 옆으로 꼬꾸라져 고개를 좌석에 처박고 코를 고는 남루한 중년, 여전히 꼿꼿하고 단정한 30대의 양장 여인, 불콰한 술기운에 등산모를 말아 쥔 반백의 남자, 킥킥거리며 오로지 핸드폰만 찍어대는 까까머리, 소매가 땟국에 절어 반질반질한 빨간색 오리털 잠바를 입고 깜박깜박 조는 아줌마….

그들은 모두 집으로 돌아가고 있으며 하루를 마무리하고 있는 중이었다.

차가 덜컥거리며 서자, 더벅머리의 어깨를 베고 있던 생머리가 깜짝 놀라며 스프링처럼 튀어 일어나 뛰쳐나가고, 작은 운동모를 눌러 쓰고, 색이 바랜 카키색 잠바를 입은 30대의 한 남자가, 까만 비닐봉지를 들고 차 안에 들어섰다.

그는 잠시 차 안을 둘러보다가 내 옆자리에 앉았다.

그의 얼굴은 홍조에 물들어 싱싱하게 느껴졌고, 숨결에는 짙은 감식초 냄새가 묻어 있었다.

그는 까만 비닐봉지를 무릎에 올려놓고 한참 비닐봉지를 내려다보며 만지작거렸다.

그리고 한참 만에 결심을 한 듯, 두 겹으로 된 비닐봉지를 열었다.

까만 비닐봉지 색과는 대비되는, 빨간 보석 같은 빛을 발하는 딸기가 얼굴을 내밀었다. 윤기가 흐르는 딸기는, 지하철 안에 유일하게 빛나는 생명체 같았다.

그는 망설이며 딸기 하나를 집어 들었는데, 까맣게 때가 낀 손톱과 거친 손은 연분홍빛 연질의 딸기와 퍽 대조되었다.

그는 딸기를 집어 들고 망설이다 조심스럽게 내게 내밀었다.

"하나 자시 보이소!"

나는 그의 손톱에 낀 때와, 딸기가 씻기지 않았을 것이란 생각에 조금 망설여졌으나 이내 딸기를 받아 입에 넣었다.

입안이 새콤한 딸기향으로 가득 찼다.

"싱싱하네요."

그는 아주 기분이 좋은 듯 빙그레 웃었다.

"…첫사랑이 그러던데요…. 하나 주면 정이 없답니다. 하나 더 드이소!"

그는 하나만 주는 것은 그에게 어울리지 않는 일이기라도 한 것처럼, 딸기 하나를 더 내밀었다.

나는 이번에는 딸기 먹는데 아주 이골이 난 사람처럼 얼른 받아서 냉큼 입안에 넣어 버렸는데, 마치 하나 더 주기를 기다린 사람처럼 보일까 걱정이 되었다.

"아이들 줄라고 사 가는 모양이지요?"

"아, 예! 아이도 있고 집사람도…."

그의 말투에는 집사람은 결코 빠뜨릴 수 없다는 의지가 담겨 있었다.

"첫사랑하고 결혼했습니까?"

"아닙니다! 아인데 그래도 나는 집사람을 좋아합니더….'

그는 무슨 생각을 정리하는 듯, 손을 바지 주머니에 넣고는 한참 고개를 숙였다.

나는 공연한 것을 물었다고 생각하고 후회했다.

그러나 그는 주머니를 뒤지다 생각난 듯, 핸드폰을 꺼내어 어떤 문자 하나를 선택하고는, 마치 자랑스러운 전리품을 몹시 구경시키고 싶었던 사람처럼 내게 내밀었다.

"한번 볼랍니까?"

거기에는 이런 문자가 들어와 있었다.

"자기 아침에 미안해! 내가 너무 심했지. 내가 조금만 더 참으면 되었을 텐데…. 사랑해! 일찍 들어와…. 사랑해!"

나는 오래전에 잃어버린, 어느 오월의 바람 부는 날, 하얀 아카시아 꽃잎이 날리는 그늘 아래서, 멀미가 나도록 진한 아카시아 꽃향기 속에서 경험했던 풋풋한 사랑의 전율을 기억해 냈다.

가슴이 아릿함으로 젖어 왔다.

실로 오랫동안 잊어버렸던 감정이었다.

그는 내밀한 비밀을 들추어 보여준 사람처럼, 조금 부끄러워하는 것 같았다.

"아침에 다투었습니까?"

"…제가 목수거든요…. 그런데 돈을 잘 못 벌어요. 한 달에 100만 원만 벌어도 생활이 되는데 100만 원이 안 되거든요. 집사람이 새벽마다 우유 배달을 가는데 오늘 아침은 참 추웠지예? 집사람이 새벽에 일어나더니 추워서 혼자 배달 가기 싫다며 같이 우유 배달 가자고 조릅디다. 내가 귀찮아서 안 일어났더니 발로 저를 찹디다. 그래서 화가 나서 싸웠거든요…. 아침에 너무 추워서 혼자 가기가 싫었던 모양인데…."

술기운 때문이었는지, 그 말을 하는 그의 눈이 약간 충혈되고 물기에 젖었다.

그는 두 손으로 작은 운동모를 눈썹이 보이지 않을 때까지 꾹 눌렀다. 그리고는 바지 뒷주머니에서 헝클어진 돈다발을 꺼냈다.

파란 세종대왕과 자주색 퇴계 선생이 섞여 있었는데, 세종대왕이 대략 50장 정도 되어 보였다.

돈다발에는 땀내와 어떤 외로움 같은 것이 배어 있는 것 같았다.

"3개월 만에 탄 월급입니다…. 석 달 만에 처음 받은 월급인데…."

"석 달 만에 받은 월급이 이것밖에 안 됩니까?"

"회사 사정이 좋지 않답니다…. 더 다닐 수 있을지도 모르겠고…."

그는 지친 듯했지만, 그래도 그만한 돈이라도 만지게 된 것이 어디냐는 듯, 조금 의기양양한 표정이 되었다.

나는 그런 그의 표정이 마음에 들었다.

가난은 그만한 나이의 젊은이와는 자주 어울리는 친구이며, 사는 동안 누구에게나 몇 번쯤은 찾아오기 마련이다.

행복이 많은 돈에 있다고 생각하는 것은 삶을 오해하는 것이다.

오늘같이 추운 날, 빈처貧妻의 가슴에 상처를 내어 새벽의 어둠 속으로 내몬 것이 가슴이 메여, 그는 하루종일 우울했을 것이다.

손이 부르트도록 대패질을 하여도 제때에 나오지 않는 월급 때문에, 그의 매일매일은 공허하고 불안했을 것이며, 추운 새벽 길을 나서는 처에게도 얼굴이 서지 않았을 것이다.

그의 처지가 눈에 보였다.

그는 오늘 저녁, 석 달 만에 처음 받는 작은 월급으로, 꼭 그런 월급을 받은 동료들과 저녁을 겸하여 소주를 마셨을 것이다.

내일을 기대할 수 없는 불안하고 서글프고 초라한 만찬이었을 것이다.

그러나 그는 처가 보낸 문자와 딸기를 사 갈 수 있는 월급 때문에 오늘 저녁은 제법 행복하다고 그의 얼굴에 써 놓고 있었고, 그래서 생판 초면의 나와도 딸기를 나누고 싶었을 것이다.

그의 조금 행복한 마음이 내게도 전해졌는지, 나도 행복해졌다.

처가 보낸 내밀한 문자와 주머니 속의 파란색 세종대왕을 꺼내 보여주며 제법 행복해하는 그의 천진함 때문이었을 것이다.

처를 춥고 어두운 새벽길에 내보내며 아팠던 마음이나, 처의 문자를 받고 안도했던 기쁨이나, 석 달 만에 안고 가는 딸기 봉지에 담긴 행복은, 그의 가난함 삶이 그에게 선사한 특별한 선물일 것이다.

그가 살아 내는 삶이, 그가 오늘 안고 가는 딸기의 빛깔처럼 윤택한 것이기만 하였다면, 오늘 그가 안고 가는 작은 행복 같은 것은 생겨

나지도 않았을 것이다.

"…아마 우리는 이런 아픔이나 행복을 맛보기 위해서 사는 것이겠지요? 오늘 나는 그런 생각이 듭니다…."

그는 말없이 나를 쳐다보았다.

고통의 질곡桎梏이 깊어야 행복의 파고波高도 높을 것이다.

몇 정거장을 지나 지하철이 정차하고, 더벅머리가 게으른 눈을 비비고 일어나자 그도 일어났다.

"저는 여기에서 내려야 되거든요!"

그는 지하철을 나선 후, 마치 처와 아이로부터 빨리 오라는 성화成火라도 받은 사람처럼 계단 쪽으로 빠르게 걸어갔다. 화해한 처와 만날 설레임이 그의 가벼운 발걸음에 실려 있었다.

그가 까만 비닐봉지에 담아 가는 그 작은 행복을, 만약 다른 행복과 비교했다면 초라해져 사라져 버렸을지도 모른다.

나는 그가 오늘 안고 가는 행복이 몹시 부러웠다.

그 여자에게 내 말 전해 주게

　푸른 바람이 지나가는 청람색 밤하늘에, 마치 손에 만져질 듯 영롱한 별빛 같던 그녀의 눈을 생각해 내면, 아직도 나는 수줍어지고 가슴이 떨려와 이 말을 할 수 없네. 제발 자네가 내 말을 좀 전해 주게!
　어디 별빛 같기만 했던가, 그 깊은 눈빛은! 하얀 구름이 가득 피어오른 파란 하늘과 연초록 산 그림자를 안고 잔잔히 일렁이는 호수의 푸르른 심연처럼 그윽하던 눈.
　지금까지의 내 삶은, 그 눈빛 같은 안식을 찾아 헤맨 긴 여정이었다고 말해 주게.
　그녀의 그 밝고 눈부신, 세상의 모든 것에 친절한 말을 걸 것 같은 미소가 아직도 뇌리에 박혀, 이 세상 모든 여인의 아름다움을 재는 기준이 되어 온 것을.
　내가 그녀에게 마지막까지 나의 마음을 전하지 못한 것은, 내가 온갖 아름다운 말들을 준비했어도, 내 마음을 온전히 형언形言하기에 부족하게 느껴져서였다고, 그녀를 볼 때 가슴에서 피어나는, 그 활짝 핀 벚꽃 같은 환희와 설레는 기쁨을 다 담을 만한 적당한 말을 찾지 못해서였다고, 어떤 말이라도 그것을 표현하기에는 부족하여 마음에 차지 않아서였다고, 그녀의 빛남에 비하면 그 말들은 너무 하잖게 느껴져서였다고, 그녀가 나를 쳐다보면, 나는 그만 정신이 없어 어찌할 바를 몰라서였다고, 내가 그녀의 기억에 있었던 그 시절을, 그녀가 모두 망각하기 전에 제발 이 말을 전해 주게.

그렇지만 아침 이슬에 젖어 갓 피어나는 흑장미 가지를 몇 번이나 꺾었지만 끝내 보내지 못한 일이나, 봄비에 젖은 목련 향기가 온 골목길에 흐드러지던 밤에, 우산에 몸을 숨기고 그녀의 집 앞 길가를 서성이던 일, 가을 달빛이 어깨 위에 하염없이 내려 쌓이던 밤이면, 그녀를 생각하며 강가에서 세레나데를 불렀던 일, 별이 차가운 보석처럼 밤하늘에 가득하던 밤, 외투를 걸치고 그녀의 두터운 커튼이 쳐진 창문에서 새어 나오던 불빛을 바라보던 일들은 말하지 말게. 특히나 내가 나의 수줍음과 나의 용기 없음을 탓하며, 밤이슬에 아득히 젖어, 십 리나 되는 둑길을 밤새 걸은 일들, 그때 나의 하루종일은, 그녀가 내 마음에 가득 차 있어, 다른 것은 아무것도 할 수 없었던 일들—그것이 지금 생각하면, 우리의 삶 중에 가장 아름다웠던 순간이었다고 하더라도—은 제발 말하지 말게. 이제라도 그녀가 알면 용렬한 사람이라고 얼마나 비웃겠나!

자네가 알듯이, 그녀의 앞이 아니라면 내가 그렇지 않지 않은가….

꼭 전하고 싶은 말이 있다네. 어쩌면 그녀가 나를 오해하고 있을지도 모르니.

어느 오월 초저녁이었네! 아마 하나님이 불행한 내게 축복의 기회를 주었던 것으로 생각되네.

그때 나는 아카시아 향기가 바람에 실려 오는 학교 앞길을 혼자 걷고 있었지. 그때 나는 나를 향하여 마주 걸어오는 그녀와 마주쳤다네. 그것은 참으로, 내가 마음속으로 수백 번이나 상상한 상황이었지만 정말 우연이었네.

그녀는 나를 보며 혼자 걸어오고 있었네, 나를 쳐다보며! 오월의 향기로운 바람처럼 사뿐한 걸음걸이와 달빛처럼 고요한 웃음. 그 아름다움이라니!

그 순간 우주에는 그녀와 나뿐이었네. 나는 그렇게 느꼈었네.

나는 너무 아찔하여 아무 생각이 없었고 너무도 어색하였다네. 어떻게 그녀를 지나쳐야 할지, 어떤 표정을 지어야 할지, 대체 어떻게 해야 할지 나는 도무지 알 수 없었네.

그 순간은 온 세상이 나를 축복하는 듯 황홀하기 그지없었지만, 그러나 참으로 곤란한 시간이었다네. 사실 나는 쩔쩔매면서도 너무 들떠서 그 순간이 마냥 영원하기만을 바랐다네.

그렇지만 나는 아무 내색도 하지 않고 그녀의 곁을 비켜 갔네. 아! 내 못남이라니! 그 어리석음이라니! 그 바보 같은 부끄러움이라니! 그 만남을 주선한 하나님은 나를 얼마나 비웃었을까.

그녀의 곁을 지나면서, 그녀의 향기에 정신이 몽롱하였다네! 나는 지금도 그 순간을 잊을 수 없네!

그 후 나는 그녀를 그렇게 만날 기회가 없었네. 그 기회는 하나님이 나의 용기를 시험한 것으로 생각되네. 두 번 다시 내게 그런 기회를 주지 않았으니 말이네. 시험이란 것이 내 마음대로 치를 수 있는 것이 아니지 않은가.

내가 이 말을 하는 것은, 혹시 그녀가 그때 왜 내가 그녀에게 말을 걸지 않고 모른 척 지나쳤는지 물을지 몰라서이네. 뭐 그럴 리가 없다고? 그녀가 그걸 기억이나 하겠느냐고?

아, 그렇지 않네! 나는 그녀도 똑똑히 기억하리라고 믿네.

나는 그 순간을 수백 번이나 기억해 내고, 해마다 아카시아가 피는 오월이면 그 길을 걸었다네. 그런데 그녀의 기억에 그 순간이 없었다는 것이 말이 되는가?

아니, 그래도 괜찮네! 그래도 변하는 것은 없을 테니까.

그렇지만 그 상념이 얼마나 나를 풍요롭게 했는지! 내 마음의 어느 한 곳에 앉아, 얼마나 많은 무상無常한 세월에서 나를 비켜나게 해 주었는지, 아마 나는 그 상념으로 인하여 그 상념의 시간만큼은 늙지 않았을 것이네.

나는 그녀를 생각하는 것만으로도 지금도 이렇게 들떠 있지 않은가! 그리고 그녀에게 넌지시 물어봐 주게.

혹시 그녀가 하늘에서 내려 쌓이는 달빛에 혼자 젖어 있었을 때나, 봄이 발걸음을 재촉하고, 목련 향기가 그녀를 아득한 세월 저쪽으로 데려갈 때, 한여름 소나기에 쫓겨 어느 한적한 장소에 우두커니 서서, 비 냄새와 함께 찾아온 정적靜寂을 만났을 때, 마른 바람에 시드는 가을 꽃을 바라볼 때, 밤하늘의 별무리들이 지척인 한 동네에서 살고 있는 이웃이라는 사실을 새삼 발견하였을 때, 그런 때 혹시 나를 생각해 본 적이 없었는지. 넌지시 말이네….

그리고 이 말을 꼭 전해 주게!

그 후 나는 어느 한순간도 그렇게 환희로웠던 순간이 없었다고, 다시는 그런 황홀에 겨운 시간을 가져 본 적이 없었다고, 너무 아름다워 지금 생각해도 그리워져 눈물이 흐른다고, 태초에 내 영혼이 태어나 살아온 지금까지의 그 먼 영겁永劫의 시간 중에, 그녀는 단 한 번 내 마음에 핀 설레는 꽃이었다고, 꼭 그렇게 전해 주게!

꿈

내가 어느 계곡에서 침묵할 때, 별이 손에 잡힐 듯 가깝고, 밤이슬이 머리를 적시는 어느 밤이었습니다.

하얀 달빛이 산과 들에 은은하게 내리고 있었고, 나는 밤이슬을 깨는 기척에 놀라 눈을 떴습니다.

살결이 귀한 옥처럼 희고 투명한 여인이 내 앞에 서 있었습니다.

칠흑 어둠같이 까만 머리를 칠보로 단장하고, 아무것도 가리지 않은 젖무덤과 은은히 비치는 얇은 천으로 가린 풍만한 둔부는, 마치 새봄에 피어나는 벚꽃처럼 희고 고와서, 아름다운 라마교 불상佛像이 현신한 것 같았습니다.

그녀의 눈은 깊고 맑았는데, 지적知的임에도 불구하고 한없이 호색好色할 것 같은 느낌을 받았습니다.

내가 놀라서 "누구십니까?" 하고 말을 건네자, 그녀는 낮고 단아한 음성으로 "나는 야차입니다!"라고 했습니다.

그녀가 야차라는 말에 충격을 받았습니다. 야차란 까맣게 마른 몸에, 증오에 찬 악귀惡鬼라고 생각해 왔는데, 자신을 야차라고 소개한 여인은 내가 본 여인 중 가장 잘나고 고운 여자였습니다.

나는 그녀에게 진정으로 말했습니다.

"하늘의 저 달보다 더 아름답습니다! 내가 눈을 뜨고 보니 이 세상이 바로 내가 찾던 천국이었습니다. 당신은 이 천국과 어울리는 빛나는 존재입니다. 당신의 아름다움 때문에 오늘 내가 보는 이 세상은 정말 환희롭습니다."

그녀는 찬찬히 나를 바라보며 입을 열었습니다.

"세상의 모든 물질적인 것은 변합니다. 꽃도 피면 시들고, 아무리 고운 여자도 늙어 쭈그러들고 고약한 냄새가 납니다. 마치 시들어 떨어지는 꽃처럼 말입니다. 그러나 꽃이 피면서 향기를 토할 때는, 세상 어느 것과도 비교할 수 없이 아름답듯이, 젊음의 아름다움 또한 그와 같습니다. 이 세상 사람들은 젊은 육체와 4월의 꽃, 오월의 신록에 매혹됩니다. 이런 것이 없다면 이 세상이 바로 모든 사람들이 두려워하는 지옥이겠지요."

나는 그 말에 동의했습니다.

"그렇습니다, 야차님! 이 세상은 젊고 아름다운 육체와 아름다운 꽃 때문에 살 만합니다. 그러나 젊음과 아름다움은 영원하지 않아, 그것을 곧장 잃어버릴 것을 두려워하고 안타까워하며 슬퍼합니다. 한낮의 아름답던 꽃이 밤사이에 시드는 것에 우리는 절망합니다."

젊고 아름다운 야차는 조용한 미소로 나를 바라보았는데, 나의 생각을 전부 알고 있다는 의미를 담고 있었습니다.

"그것은 당신이 그러한 아름다움을 너무도 사랑하고 있다는 증거이지요. 당신은 영원한 생명입니다. 올 4월에 당신의 정원에 핀 향기로운 꽃들은, 내년 봄에는 더 아름다운 모습으로 다시 피고, 당신의 젊은 몸이 시들면 당신의 몸은 싱싱한 몸으로 다시 환생還生합니다. 무엇이 걱정입니까? 당신은 더 아름답고 더 총명하게 다시 태어날 수 있습니다."

나는 내가 야차의 말에 현혹되고 있지 않나 걱정이 되었습니다.

"과연 아무 걱정 없이 아름다움에 취해도 괜찮은 것일까요? 세상 사람들은 그런 것을 죽음을 부르는 향락이라고 합니다."

야차는 질책하듯 말했습니다.

"이 우주, 당신들이 말하는 육도六道의 세상 어디에도 죽음이란 없습니다. 그런 것은 사람들이, 햇살이 없는 밤의 어둠을 보고 만들어낸 상념想念에 불과하지요. 당신은 이 깊은 숲속에서 그렇게 침묵하면서도, 이 우주가 영원히 살아 있는 생명이란 사실을 깨닫지 못했는가요?"

나는 반발했습니다.

"하지만 성현들은 그것이 무덤이라며, 그런 것에는 빠지지 말라고 계戒를 만들어 경고했습니다."

야차는 한숨을 쉬며 말했습니다.

"그런 말을 하는 사람은, 비록 당신이 성현이라고 부르더라도, 찬란한 대낮에 어둠을 생각하며 공포에 떠는 어리석은 사람입니다. 당신이 어떤 마음을 가지든, 당신의 육체는 허물어지고 세상은 예기치 않게 변합니다. 나의 이 아름다움도, 당신이 정성 들여 꾸민 정원의 꽃처럼 영원하지 않습니다. 꽃은 피어날 때 자신의 아름다움을 마음껏 즐기며 또한 시드는 것을 염려하지도 않습니다. 시드는 것을 걱정하여 자신의 아름다움을 비난하거나, 일시적인 것이라 하여 회의懷疑하지도 않습니다. 꽃은 시듦도 겁내지 않고 그대로 받아들이므로 그처럼 아름다울 수 있습니다."

나는 밤이슬이 내리는 광막한 하늘을 바라보았습니다.

"생각해 보니, 문제는 그런 것에 대한 탐닉耽溺입니다. 그러한 것에 탐닉하게 되면, 거기에 포로가 되어 그런 것들의 노예가 되지 않을까요?"

야차는 말했습니다.

"당신이 무엇을 받아들이건, 결국 그것은 당신의 많은 선택 중 하나일 것입니다. 당신의 선택에 무슨 선악이나 상벌이 있을 수 있나요? 문제는 당신이 젊음과 아름다움을 진정 있는 그대로 온전히 수용한다면, 시듦도 비난 없이 온전히 수용할 수 있을 것입니다. 둘 다 기본적으로 같은 변화의 일부이니까요. 추함이 없다면 아름다움도 없는 것이지요."

야차의 눈길은 연민과 안타까움으로 차 있었습니다.

"그런 일은 창조주에게나 가능한 일이 아닐까요? 이 낡아 가는 육체에 기대어 살아가는 사람에게도 가능한 일일까요?"

"당신이 당신의 창조주가 아니라면 과연 누가 당신의 창조주일까요? 당신은 끊임없이 당신의 운명을 창조해 왔고, 앞으로도 영원히 그렇게 할 것입니다."

나는 내가 창조주란 말에 충격을 받았고, 그 말이 주는 기쁨에 온몸이 전율하였습니다.

나는 외쳤습니다.

"맞습니다! 창조주 아닌 생명은 단 하나도 없습니다. 나는 이제 세상의 모든 아름다움—순간적이라 비난하던—을 아무런 거리낌 없이, 아무런 두려움 없이 예찬하며 즐길 것입니다."

그러자 야차는 홀연히 사라졌습니다.

내가 깨어났을 때, 나는 이슬에 젖은 채 풀숲에 누워 있었습니다. 진하게 남은 황홀한 여운이 아쉬움으로 내 마음을 누르고 있었으므로, 나는 한참 그렇게 있었습니다.

달빛이 여전히 산야를 하얗게 덮고 있었습니다.

벚꽃 속으로

　벚꽃이 첫눈이 내리듯 지고 있었어요.
　하얀 나비 떼가 일시에 하늘로 날아올랐다가, 갑자기 힘을 잃고 쓰러져 내려앉듯, 흰 꽃잎들이 흔들거리며 내려앉고 있었어요.
　나는 설레는 꿈속을 걷듯, 벚꽃길을 걷고 있었어요.
　세상이 너무 아름답고 너무 편안해서, 마냥 혼자 하염없이 걷고 싶었어요.
　하얀 세상은 끝날 것 같지 않았어요. 그냥 그런 세상이 영원할 것만 같았어요.
　벚꽃길이 끝나는 즈음, 작고 평평한 바위에 나리 누나와 돌이 형이 나란히 앉아 있었어요.
　돌이 형은 내 사촌 형의 친구이고, 나리 누나는 윗동네 사는 나이가 열여덟 살쯤 된 누나였어요.
　열두 살 내 눈에, 벚꽃처럼 환한 얼굴에, 이마 한가운데로 뾰쪽하게 머리카락이 내려온 제비 머리를 한 나리 누나는, 미역을 감다 하늘 옷을 도둑 맞아 땅에 머물게 된 선녀仙女 중 한 사람이었어요.

선녀인 나리 누나가, 목소리는 화통火筒을 삶아 먹은 것처럼 걸걸하고, 얼굴이 도둑놈같이 시꺼먼 돌이 형과 사귀는 것을 알고, 나는 그만 실망하여, 참 알 수 없는 것이 세상살이라고 벌써 세상살이를 체념한 상태였어요.

벚꽃이 아득히 지고 있는 길을 하염없이 걷고 있는 나를 본 돌이 형은, 또 그 장난기가 돋은 모양이었어요.

슬그머니 일어서더니, 양손을 옆구리에 턱 걸치고, 게리 쿠퍼처럼 삐딱하게 서서, 턱을 쓱 내밀고는 나를 노려보았어요.

그것은 내게 결투를 신청하는 비장한 몸짓이었어요.

나는 그날은 영 내키지 않아 총잡이 폼도 잡지 않았어요. 그런데 돌이 형은 손가락으로 권총을 만들어서 몸을 흔들며 나를 향하여 "방! 방!" 하며 쏘고는, 손가락 끝을 입으로 가져가 혹 하고 불었어요.

그것은 결투가 이미 끝났다는 신호였어요.

나는 그날은 정말 하기 싫었지만, 벚꽃이 하얗게 쌓이는 땅바닥에 철퍼덕 쓰러졌어요.

벚꽃잎들로 뒤덮인 하얀 땅바닥에 얼굴을 대면서, 곁눈으로 재미있어 죽겠다고 폴짝폴짝 뛰면서, 손뼉까지 치며 자지러지게 웃는 나리 누나를 보았어요.

나리 누나의 몸이 흔들거릴 때마다, 까만 머릿단이 따라 흔들리면서, 하얀 오른쪽 귀 뒤쪽의 작고 까만 점이 마치 보석처럼 흔들거렸어요.

긴 벚꽃길은, 평화와 재미와, 나리 누나의 쾌활한 웃음으로 가득 찼었어요.

그다음 해 벚꽃이 피기 시작할 무렵이었어요.

매일 우리 집에 놀러 오는 '잘난네 할매'는 예의 그 잘난 척하는 얼굴로 우리 집 대청마루에 걸터앉아 이야기를 했어요.

돌이 형이 어느 잔칫집에서 놀고 온 날 저녁, 갑자기 배를 움켜잡고 방 안을 뒹굴다가 죽었는데, 윗동네 나리라는 계집애가 그날부터 밥을 먹지 않고 방 안에 틀어박혀 울기만 한다는 이야기였어요.

온 동네가 돌이 형의 돌연한 죽음으로 떠들썩했어요.

그리고 그 얼마 후 벚꽃이 질 무렵, 날이 밝자 곧장 우리 집으로 달려온 잘난네 할매가 우리 마루청에 앉자 숨 가쁘게 말했어요.

"아이고 얄궂제! 오늘 새벽 희붐할 때 윗동네 나리 계집애가 보따리 싸들고 벚꽃길을 빠져 나가는 것을 보았다 카는 사람이 있더라…."

나는 벚꽃길로 달려갔어요.

벚꽃길엔 지난해처럼, 마치 사람의 인기척에 놀라 한꺼번에 와! 하고 날아올랐던 하얀 나비 떼가, 갑자기 와! 하고 내려앉듯 벚꽃잎이 떨어지고 있었어요.

그렇지만 거기에는 나리 누나도 없었고, 나만 보면 장난을 걸어오던 돌이 형도 없었고, 작년 그맘때 그 작은 길을 점령하였던 평화도 재미도 없었어요.

그냥 지난해 깔깔거리던 나리 누나의 웃음소리만 혼자 남아 공허하게 울리고 있었어요.

온통 공허만 덩그렇게 남아 있었어요.

나는 저리듯 아파 오는 가슴과, 뜨거워지는 눈시울을 숨기려고 벚꽃나무 뒤에 숨었어요.

나리 누나의 그 웃음소리만 귓전에 울리고, 나리 누나의 하얀 귀 뒤에 있던 작은 점만 눈에 아른거렸어요.
 나는 그때, 사람은 사랑하는 사람을 잃으면, 어디론가 자취도 없이 떠나는 것이라고 생각했어요, 나리 누나처럼.

 아무렇게나 섭렵涉獵된 관념들이 나를 집어삼켜 노예처럼 끌고 다니던 시절, 나는 지쳐 망망대해를 마주 보고 앉아 있는 서해西海의 어느 절 앞에 섰어요.
 절 앞 못에는, 산만큼 큰 벚꽃나무가 만발한 벚꽃을 가득 이고 있었어요.
 벚꽃은 못에 비친 자기의 모습에 매료되어 취해 있는 것 같았고, 그 화사한 빛깔 때문인지, 낮술에 취하여 부끄러움을 잊은 여자 같기도 했어요.
 나는 그 꿈같은 광경이 너무 아름다워 넋을 잃고 섰는데, 중년으로 보이는 여승女僧이 벚꽃나무 아래에 섰어요.
 연못은, 화사한 벚꽃나무 그림자와 물 위를 떠도는 하얀 꽃잎, 그리고 신선神仙 같은 여승의 그림자를 담고, 환희에 겨운 듯 물결을 떨고 있었어요.
 세상의 욕망을 절연한 듯한 비구니의 회색 먹물 옷과, 벅차오르는 환희를 참지 못해, 금방이라도 파안대소할 것처럼 화색和色이 완연한 벚꽃은, 묘한 대비를 이루고 있었어요.
 나는 고운 벚꽃 빛깔에 물드는 여승의 하얀 얼굴을 따라가다, 귀 뒤에 있는 까만 점을 발견했어요.
 그리고 머리카락이 이마 한가운데로 뾰쪽하게 내려온 제비 머리도 보았어요.
 깜짝 놀랐어요.

열두 살 때 보았던, 나리 누나의 흰 얼굴과 까만 머릿단이 출렁거릴 때마다 드러나던 귀 뒤의 까만 점이 떠올랐어요.

눈물이 났어요.

사랑하는 사람을 잃고, 작은 보따리 하나 꼭 껴안고 어둠 속에서 벚꽃길을 따라 어디론가 사라진 후, 나의 뇌리에서도 사라졌던 나리 누나를, 벚꽃나무 뒤에 숨어 울먹이며 떠나보냈던 나리 누나를, 망망대해가 바라보이는 서해西海의 어느 이름 없는 절에서 만난 것이었어요.

그 긴 벚꽃길에서 벌어졌던 돌이 형과 나의 마지막 결투와, 평생 나를 따라다니며 나를 평화롭게 하던, 그 꿈같은 정경이 나리 누나의 마음에도 남아 있을까?

찻상을 놓고 마주 앉아 본 나리 누나의 얼굴은 창백하고 수척했어요.

출렁거리는 까만 머릿단, 금방 세상을 환하게 만들던 쾌활한 웃음소리는 그 사라진 세월 속에만 있는 환영幻影이었어요.

나는 나리 누나의 창백한 얼굴에서, 그때까지도 지워지지 않은 돌이 형의 그림자를 보았어요.

사랑하는 사람을 따라가지 못하여, 떠난 사람의 그림자 하나와 세월을 견디어 온 한 여인이 앉아 있었어요.

내 눈에는 꼭 그랬어요.

머리는 깎았어도, 승복은 입었어도, 아직 깊은 기억의 상처에 매여 있는 것 같았어요.

나는 그냥 지나가는 사람이며, 벚꽃이 너무 좋다는 말을 듣고 둘러본 것이라고 했어요.

나리 누나는 낯모르는 과객을 흘러보내듯 무심히 나를 보냈어요.

혹 나를 알아보고도 모른 척했을지도 모르지요, 나처럼.

나는 '법담'이라는 나리 누나의 법명을 몇 번이나 중얼거렸어요.

꼭 기억하고 싶었거든요. 흰 벚꽃으로만 그려진 그 긴 벚꽃길의 기억처럼 말이에요.

떨어지는 벚꽃이 눈물처럼 느껴졌어요.
비닐우산 위로 빗물에 젖은 벚꽃들이, 마치 날개가 비에 젖은 나비들처럼 떨어져 내렸어요.
나리 누나를 만나고 난 뒤, 나는 봄마다 큰 벚꽃나무가 그 화려한 그림자를 못 속에 드리우고 있는 이 절을 떠올렸어요.
벚꽃잎들을 띄우고 파르르 떨던 물결이 그리웠어요.
해마다, 가 보아야지! 가 보아야지! 하며 그런 봄을 열다섯 번이나 보냈어요.
그곳에 가면 까만 머릿단을 출렁거리는 나리 누나가 있을 것 같았어요. 그리고 내 열두 살 때의 그 재미와 평화도 꼭 거기에 머물고 있을 것 같았어요.
그래서 하늬바람이 불어오는 날, 이곳을 향하여 차를 바꾸어 타며 달려왔었어요.
젊은 여승이, 법담 스님을 찾는 나를 절에서 한참 떨어진 한적한 곳으로 데려가, 돌무더기같이 조잡하고 초라한 어느 돌탑 앞에 세웠어요.
돌탑은 비를 맞으며 세상사를 잊은 듯 서 있었어요.
그 돌탑이 너무 생소하게 느껴져, 그 돌 속에 나리 누나가 잠들어 있다고 생각할 수 없었어요.
나리 누나는 내가 나리 누나를 만난 해에 열반涅槃에 들었다는데, 나는 그 사실을 지금껏 모르고, 해마다 벚꽃이 필 때마다, 언제든지 달려가기만 하면 만날 수 있을 것이라고 생각하고 있었던 것이었어요.

나는 열다섯 해 전의 어느 봄날 나리 누나와 섰던, 벚꽃나무 그림자를 담은 못 앞에 섰어요.

하얀 벚꽃잎들이 떨어져 작은 못을 가득 메우고 있었어요.

젊은 날 어느 한밤의 꿈같은 사랑을, 낡은 세월의 벽에 걸어 두고 한평생 바라보며 살다 간 사람.

한평생 한 남자만 사랑하다 죽은, 하얀 벚꽃처럼 순결한 여인.

나리 누나가 무엇으로 살았는지 알 것 같았어요.

나는 그 잊을 수 없는 벚꽃길의 평화를, 안식처럼 가슴에 묻고 살아왔고, 나리 누나는 돌이 형의 사랑을 가슴에 묻고 산 것이었어요.

그렇게 확신했어요.

그렇지만 나는 너무 허망하여 되묻지 않을 수 없었어요.

애정은 꽃처럼 피었다 지는 환영幻影이 아니던가! 한순간에 생겼다 사라져 흔적도 없어지는 포말泡沫 같은 것이 아니던가! 지난밤의 아린 꿈같은 것이 아니던가!

왜 그런 것에 매여 한평생을 그렇게 살아야 했을까?

하지만 나는 그렇게 몇 번을 말하면서도, 마치 돌아갈 고향 하나를 잃은 것 같은, 꼭 있어야 할 무언가를 영원히 잃어버린 듯한 허탈함에 사로잡혀, 단 한 발자국도 움직일 수가 없었어요.

비닐우산 위로, 비에 젖은 벚꽃잎들이 점점 두텁게 쌓이고 있었지만 나는 내내 그곳을 떠날 수 없었어요.

남포동 갯가에 서서

 외로움이 나를 만나러 오면, 나는 왜 하필 썩어 가는 생선 냄새가 묻어나는 남포동 갯가에 설까?
 사람들의 욕망은 이 좁은 바다조차도 먹어 들어와, 이제 남은 바다는 손바닥만 하고, 한길 건너면 빌딩이 즐비하고 경적 소리에 귀가 멀 지경인데, 나는 왜 하필 여기에 설까?
 반쯤 목이 쉰 아줌마들이, 마치 그 고단한 삶의 목을 자르듯, 온종일 좌판에서 파닥거리는 생선의 멱을 따고, 이미 까만 잉크처럼 검게 변한 바닷물에는 뿌연 기름조차 떠다니는데, 나는 왜 여기에 서성거릴까?
 큰 바다로 나가는 해안에는 거대한 방파제가 가로누워 있고, 그것도 모자라 그 뒤로 콘크리트 다리가 바다 위 공간을 완강히 가로막아, 이제 여기에 서면 차라리 가슴이 더 막혀 오는데, 나는 답답하기만 하면 하필 왜 여기에 서는 것일까?

이 도시에는 사람이 넘쳐나고, 저 빌딩 안에는 사람들마다의 욕망을 받아 줄 장난감들이 지치도록 기다리고 있는데, 나는 왜 말을 잃고 여기에 서는 것일까?

이 외롭고 초라한 시름들은 대체 어디에서 오는 것일까?

사람들이 사는 것이, 마치 저 파도처럼 순간을 살다 가는 것이어서, 생선 좌판의 아주머니가 황혼 녘에 자리를 털며 내쉬는 한숨같이 가슴 내려앉는 것이어서, 사람들이 다 돌아가 비워진 이 부두가 홀로 밤을 새울 때 내리는 이슬처럼 자취 없는 것이어서, 그래서 참으로 덧없는 몸부림 같은 것이라면, 이렇게 외로움이나 씹으며 서성거릴 일일까?

나는 왜 아직도, 내가 타고 가야 할 차를 정하지 못한 사람처럼 머뭇거리고 있을까? 오욕五慾의 천성天性과, 나를 길러 온 그 잘난 도덕율 한 줄이나, 그런 것이 설정해 준 어떤 기준이, 내 마음에서 주인 자리를 두고 다투고 있기 때문일까? 그래서 분방奔放해야 할 생명이 방향을 잃고, 저 야생野生의 바람이 불어오는 바다를 향하여 서는 것일까?

알고 보면 삶이란 너무 짧아서, 너무도 덧없는 것이어서, 다시 한 번 더 되돌려 경험할 수 없는 순간들이어서, 오히려 너무도 환희로운 순간들이 아니던가.

그래서 한 시각도 더없이 소중하여, 그 주어진 삶을 얼싸안고 뒹굴어도 아까운 것이 아니던가.

그런데 나는 왜 시름으로 이곳에 서는 것일까?

이제는 옛날이 되어 버린 내 젊은 날 어떤 때, 먼 데서 이 도시로 흘러 들어온 어떤 사내는, 가끔 이 남포동 갯가 좌판에 홀로 앉아 신문으로 낯을 가리고, 낮소주와 함께 바다 내음을 들이마시었다. 그의 어깨에는 누구와도 말하기 싫다는 고독이 내려앉아 있었다.
  그는 왜 하필 이 허접스런 이 자갈치 난장에서, 친구도 없이 혼자 앉아 있었을까? 내내 그것이 궁금했는데, 오늘 내가 바람처럼 묻어 오는 외로움을 안고 이 자리에 다시 서고서야, 내가 이 자리에 서 있는 그 분명한 이유를 모르면서 이 자리에 서 있듯, 이 자리에 앉아 있던 그 사내의 마음을 알 것 같은데, 아마 그 사내도 이런 정체 모를 마음에 사로잡혀 이곳에 나앉았으리라.

  갯가에는 옷을 벗어 던진 고함들이 한낮의 햇살처럼 부유浮遊하고, 여기서 살아가는 군상들은 허접스럽지만 자유롭다.
  목이 잘리는 생선의 꼬리처럼 치열하게 살아 움직이는 저들은, 아마 외로움이나 시름이라는 것들에 대해서는 욕 찌꺼기를 퍼부을 것이다.
  외로움을 이기지도 버리지도 못하는 사내가, 저 바다로 열린 하늘 공간과, 작정을 하고 벌거벗고 사는 저 난장亂場의 사람들을 바라보는 것은, 저들의 그 자유로움, 솟아오르는 욕망을 마음껏 내뱉고 내지르며 사는 것이 좋아서가 아닐까?
  저들처럼, 한 푼에도 전부를 다하여 고함을 지르고, 한 푼에 전부를 불사르고, 마치 그것이 그가 이 세상에 태어난 본 목적이나 되듯, 맹렬한 그 열정이 부러워 여기 온 것은 아닐까?
  난장의 군상群像들이라 하여 왜 여기 사는 삶에 회의懷疑가 없을까. 그러나 이들은 매일, 새벽 눈부신 햇살처럼 거침없이 피어나는 욕망으로 목욕을 하듯, 이들의 회의를 그렇게 씻어 낼 것이다.
  삶이란 머뭇거리거나 뒤돌아보기에는 너무 바쁘며, 회의하기보다는 기쁨에 광란할 것이 너무 많다고 외쳐대는, 그 벌거벗은 삶이 부러워 나는 여기에 서는 것이 아닐까?

　도시의 삶은 사치롭지만 허허롭다. 그러나 도시가 없으면 사라져 버릴 이 갯가의 난장은, 이 지나친 욕망 때문에 도리어 자유롭다. 사람에게 요동치는 욕망의 파도가 없다면, 무엇으로 바람처럼 찾아오는 이 외로움이나 덧없음을 이길 수 있을까?

　외로움도, 들뜬 욕망도 한마음에서 어차피 일어날 수밖에 없는 것이라면, 차라리 저들처럼, 거칠고 뜨거운 욕망을 택하는 것이 좋지 않을까?

　내가 여기 난장에 서는 것도, 이 외로움 대신에 가슴을 채워 줄 어떤 화려한 욕망을 찾아서일 것이다. 내가 구태여 그 정체를 인정하고 있지 않을 뿐.

　아마 나는, 외로움이 몰려올 때마다 이 외로움을, 저 난장에 나앉아 거친 욕망으로 가슴 태우는 그 치열한 삶으로 치환置換하려, 여기 갯가에 서는 것일 것이다.

유전流轉

 농장 앞 길옆에는, 루즈베키아가 폭염에 기진하여 고개를 꺾고 있었고, 대문 앞에는 백일홍 나무에서 떨어진 작고 빨간 꽃잎들이 꽃마당을 이루고 있었다. 오랫동안 농장을 비운 흔적이었다.
 농장에는 시간이 비켜 간 것 같은 정적靜寂만 있었다.
 건물들 점검을 대강 마치고 우물 쪽으로 갔을 때, 큰 갈색 비닐 물통 옆에 털복숭이 개 한 마리가 가만히 서서 나를 쳐다보고 있는 것을 발견했다. 혼자만 농장을 어슬렁거리고 있는 줄 알았던 나는 매우 놀랐지만, 털복숭이는 전혀 놀라는 기색이 없었다.
 내가 농장을 들어올 때부터 나를 지켜보고 있었던 것을, 큰 물통에 가려져 있어 미처 발견하지 못한 것 같았다. 물끄러미 나를 쳐다보는 그 모습이 하도 태연하여, 마치 오랫동안 이 농장을 지켜 온 주인처럼 보였다. 그런 털복숭이를 보고 있자니 오히려 내가 농장을 침입한 낯선 사람처럼 느껴질 지경이었다.

털복숭이는 내게는 관심조차 없는 듯 미동도 하지 않고 물끄러미 쳐다보기만 했는데, 찬찬히 살펴보니 몰골이 말이 아니었다. 너무 힘이 없어 겨우 버티고 서 있는 것 같았고, 만사가 귀찮아 자신의 신병身柄조차 어떻게 되든 관심이 없다는 듯한 표정이었다. 마치, 세상에서 버려지고 너무 시달린 끝에, 죽을 자리를 찾아 산속으로 숨어든 사람처럼 느껴졌다. 죽음 같은 것에도 관심이 없어 보이는 그 몰골을 보고 있자니 나조차 힘이 빠지는 듯했다.

나는 생각했다. '누가 버렸을까? 아마 죽음을 자각한 사람의 모습이 저러하리라.'

얼마나 사는 데 시달렸으면 동네로부터 멀리 떨어진, 이 산속 외딴 농장에까지 홀로 들어왔을까! 대체 무엇을 먹고 연명했을까? 나는 우물 옆에 엎어져 있는 물그릇을 씻어 물을 담아 주었다. 그러나 털복숭이는 그런 나의 행동에는 관심조차 없었고, 귀찮게 어정거리지 말고 제발 어서 조용히 나가 주기만을 기다리는 표정이었다. 그 표정을 보자 나는 갑자기 빨리 자리를 비워 주어야겠다는, 그래서 이 불쌍한 털복숭이를 쉬게 해 주어야겠다는 엉뚱한 생각이 들었다.

나는 농장을 오랫동안 비웠으므로 파손이 생기거나 도둑이 들지나 않았나 둘러보기 위해 왔을 뿐, 농장에 머물 계획이 없었다. 한더위가 물러가고 난 뒤에야 집사람과 같이 이 농장으로 와서 미룬 일을 하며 한동안 머물 계획이었다. 그래서 나는 털복숭이를 그대로 두고 농장을 빠져나왔다.

털복숭이는 곧 죽을 것 같았으므로, 이 한적한 장소에서 조용히 생을 마감하게 하는 것도 이 불쌍한 개를 돕는 것이라는 생각이 들었다. 농장을 빠져나오는 나를, 털복숭이는 아무런 표정도 없이 바라보고 있었다.

2주일쯤 후, 나는 가져올 물건이 있어 다시 농장으로 갔다. 나는 그 털복숭이가 농장 어느 곳에 죽어 있거나, 운 좋게 살았다면 농장을 빠져나갔을 것이라 생각했다. 만약 농장에 죽어 있다면 귀찮은 일이지만 묻어 주면 끝나는 일이었다.

　나는 그런 기대로 우물가로 가다 걸음을 멈추었다. 그 털복숭이가 갈색 물통 옆에서 나를 빤히 쳐다보고 있었는데, 2주일 전에 본 나를 기억하는지 꼬리를 아주 천천히 흔들고 있었다. 이전보다는 조금 나아진 것같이 보였다.

　나는 그 모습이 반가웠지만, 한편 이 털복숭이가 여기가 자기 집인 줄 알고 아예 눌러앉으면 어떻게 하나 걱정이 되었다. 그러나 내가 이 개를 농장 울타리 밖으로 내쫓는다 해도, 이 개는 틈을 찾아 다시 농장 안으로 들 것이 분명하므로 그냥 둘 수밖에 없었다. 내가 다시 오기 전에 건강을 완전히 회복하여 마을로 내려가기를 희망할 수밖에 없었다. 농장에서 빠져나가는 나를, 털복숭이는 몇 발자국 따라오다 이내 체념하고 우물가로 되돌아갔다.

　그로부터 2주일쯤 후, 나는 집사람과 같이 한동안 머물 계획으로 농장으로 갔다. 농장에 들어서자 맨 먼저, 내심으로 '제발 그 털복숭이가 없었으면…' 하고 잰걸음으로 우물가로 갔다. 다행히 털복숭이는 보이지 않았다. 나는 털복숭이가 건강을 회복하여 농장을 빠져나갔을 것이라 생각하고 안도했다.

　그러나 작업복으로 갈아입고 다시 마당으로 나왔을 때, 그 털복숭이가 마치 기다리던 사람이 나타났다는 표정으로 나를 쳐다보고 있었다. 훨씬 건강해져서 나를 따라다니며 천천히 꼬리를 흔들었다. 대체 어디에서 음식을 얻어먹고 저렇게 멀쩡해졌을까?

　그날 저녁 무렵, 이웃에 사는 귀농 부부가 찾아왔다. 나는 털복숭이를 이 부부에게 소개하고, 거두어 키워 보시라고 권했다. 나는 이 털복숭이를 거둘 생각이 전혀 없었다. 개는 마치 영혼을 가진 것처럼 행동한다. 그래서 헤어질 때는 처절하리만큼 큰 아픔을 남긴다는 것을 나는 경험으로 알고 있었다.

귀농 농부는 털복숭이를 보고는 소리 질렀다.

"저 아래 우사 먹이통을 어슬렁거리던 그 개네! 이 개는 너무 늙어 키울 수 없어요."

비로소 대체 어디서 먹이를 구해 먹고 저렇게 멀쩡해졌을까 하는 내 의문이 풀렸고, 개를 손쉽게 처리하겠다는 나의 작은 계획은 실패했다. 나는 그때까지도 이 털복숭이가 몹시 늙었다는 사실을 모르고 있었다. 이마에서 흘러내린 긴 털이 얼굴을 온통 뒤덮고 있어 그랬을 것이다.

마당에는 이전에 없던 개똥이 흩어져 있었고, 이를 발견한 나는 개를 빨리 처리해야 한다는 생각에 쫓기게 되었다. 나는 개를 어떻게 처리해야 할지에 대한 고민에 빠졌지만, 털복숭이는 우물가에 자리를 잡고 누웠다. 그 모습이 너무 자연스럽고 편안해 보였다.

뒤늦게 마당에 흩어진 개똥을 발견한 집사람은 비명을 질렀다. 이 비명은 개를 하루빨리 농장에서 쫓아내야 한다는 결론을 앞당기게 만들었다.

우리는 유기견을 돌본다는 읍내 메기탕 집주인을 찾아가 털복숭이를 데려갈 것을 부탁했지만 거절당했다. 메기탕 집에서는 이미 몇 마리의 유기견을 입양하여 돌보고 있었다.

결국 나는 귀농 부부의 마지막 조언을 따르기로 했다. 119에 전화하여 유기견 신고를 했고, 곧 제복을 입은 소방대원 두 사람이 농장으로 달려왔다. 소방대원은 이런 일은 하도 많이해서 대수롭지 않다는 듯이, 털복숭이에게 다가가 쓰다듬었다.
　나는 털복숭이가 저항하거나 도망치면 어떻게 하나 걱정했는데, 털복숭이는 아무런 저항 없이 소방관에게 안겼다.
　비로소 나는, 이 털복숭이가 버려지기 전까지는 그 주인으로부터 매우 많은 사랑을 받은, 그래서 사람을 선의善意로 받아들이고 신뢰하는 개라는 사실을 알게 되었다.
　'그래서 처음 본 나를 보고도 짖거나 도망가지 않고 그토록 태연했구나!'
　나는 털복숭이를 쓰다듬고 있는 소방관에게 물었다.
　"이 개를 데려가 어디로 보냅니까?"
　소방관은 매우 사무적인 어조로 말했다.
　"유기견은 희망자에게 분양하거나 살처분하는데, 이 개는 너무 늙어 아마 100% 주사 놓아 안락사 시킬 겁니다."
　그는 여전히 털복숭이를 안고 있었다. 가슴이 덜컥했다. 이 골짝에까지 찾아와 겨우 저렇게 건강을 회복했는데 데려가 죽이다니!
　그런 잔인한 행위에 내가 조력자가 되었다는 생각이 들자, 털복숭이에게 몹시 미안하고 나 자신에게 부끄러운 생각이 들었다.
　털복숭이는 다시 그를 배신할 사람에게 안겨, 죽음으로 가는 차에 실리었다.
　내가 이 일을 어떻게 해야 하나 결정하지 못하고 망설이는 동안, 소방관은 거침이 없이 개를 차에 싣고 대문 밖으로 향하고 있었다.
　풀이 죽은 루즈베키아 꽃이 마침 불어온 바람에 머리를 흔들며 털복숭이를 실어 가는 차를 배웅하고 있었다. 나는 그 차가 사라질 때까지 망연히 지켜볼 수밖에 없었다.
　유전流轉하는 삶에 대한 슬픔 같은 것이 가슴에 가득 몰려왔다.

제비꽃

시작하기도 어려웠고 그만두기도 어려워라, 우리는.
그대 슬픈 눈이 나를 이 바람 부는 들녘에 세웠구나.
장막처럼 드리운 그리움에 뒤척이던 젊은 날의 밤은 강물처럼 흘러가, 이제 그 설레임은 한낮 기억으로만 남는가.
비록 여느 이름 없는 풀꽃의 여름 같은 것이었다 할지라도, 긴 세월 가슴으로 부벼 왔으니 쓰린 연민이 되었다 하여 쉽게 버려질까.
어느 여름밤 강가 원두막에서 살포시 꾼 꿈처럼, 그대와 함께한 시간은 황홀했으니, 거기에 무엇을 더해야 더 아름다우리!
우리에게 허락된 시간이 새벽잠을 깨울 만큼 아쉽다 해도 만족해야 할 것이니, 이제 보다 깊은 연모의 정이 우리 가슴에 괴일 수 없기 때문이네.
이제 서로의 손을 놓아 갈 길을 가야 하고, 바람이 엮었으니 자취 없이 보내야 하리니, 그렇지 않다면 어찌 견디리, 이 적막함을.

지금 나는, 어둠이 몰아 오는 찬바람을 맞으며 지는 해를 바라보고 선 저 제비꽃처럼 파랗게 질려 떨고 있으니, 이제 그대 가슴에 핀 연민의 꽃도 시들게 하여 저 들녘 바람처럼 놓아 주게.
    그때에야 비로소 나도 이 아픔을 던질 수 있을 것이니.

간월암에서

흰서리가 내리듯, 하늘에서 가늘고 투명한 비단실이 춤추며 내리듯, 당신이 창밖을 내다볼 때 달빛이 그렇게 보일 때, 당신은 흰 스카프 하나 바쁘게 둘러쓰고 이곳으로 오세요.

우리 거기서 만납시다.

그렇지만 당신의 하루가 나만큼 시시하지 않아서, 혹은 그보다 더 절실한 것이 많아서, 그런 한적한 곳을 찾는 것은 의미가 없는 일이라고 생각한다면, 달빛이 당신을 찾아오는 창가에 그냥 서 있어도 좋습니다.

산다는 것이, 그 치열한 실존이, 당신이 만든 갖가지 이야기의 그림에 불과한 것들이어서 시시하기 짝이 없는 거라고 생각이 될 때, 그래서 어느 것 하나도 당신을 채우지 못하여 공허를 떨치지 못할 때, 그럴 때는 작정을 하고 달려오세요.

그 작은 섬에 무어가 있느냐고요?

아마 당신은 우선 고독한 낯빛을 한 달과, 당신의 그 윤나는 아름다운 머리카락을 한없이 매만지며 흔드는 바람, 바다에 빠진 달을 잘게 부수는 작고 정다운 파도, 그리고 무수하게 말을 거는 파도 소리와 만날 수 있을 것입니다.

그러나 당신이 그곳에서 어두운 바다를 바라보고 서서, 눈을 감고 가슴을 열면, 당신에게 말을 거는 어떤 근원과도 같은 침묵을 만날 것입니다.

당신이 비록, 달려왔다 곧장 사라지는 파도 소리만 들린다고 생각할지라도, 그것은 정적의 또 다른 소리라는 것을 알게 될 것입니다. 파도 소리는 정적이 만든 소리에 불과한 것이니까요.

내가 달밤에 이곳에 서는 것은, 달빛의 여백, 파도의 소곤거림, 나의 발자국 소리에 귀 기울이는 정적, 섬 그림자가 주절거리는 태고太古적 이야기들 때문이랍니다.

당신이 외로워서, 그 외로움을 깨워 줄 이야기가 필요하다고 생각할 때는, 간월암 이 달빛 속으로 달려오세요.

그 어떤 이야기도, 보이는 그 어떤 것도, 만져지는 그 어떤 것도, 들리는 그 어떤 것도 당신을 채우지 못할 때, 그때 당신에게 정말 필요한 것은, 저 신비로운 미소를 가진 달빛과 이야기를 시작하다 말고 곧장 사라지는 것을 반복하는 파도 소리, 빈 바다 가운데 웅크린 신비한 섬 그림자 그리고 달빛만이 춤을 추는 저 공간의 여백餘白일 테니까요.

그 텅빈 여백이야말로 당신 영혼의 본 모습이니까요.

당신이 바쁜 걸음으로 달려올 때면, 나는 저 아름다운 달빛이 만든 늙은 나무 그림자에 앉아, 당신의 신발 끄는 소리를 듣고, 비로소 가빠 오는 나의 가슴을 느끼며, 나의 외로움이 가시는 것을 깨달을 것입니다.

  그리고 비로소 당신도, 당신의 그 재미없는 일상의 외로움에서 벗어날 것입니다.

  우리가 이 교교한 달빛과 그리고 파도가 하는 이야기를 들을 때, 이 외로운 섬도 차가운 정적에서 깨어날 것이므로, 이 백설처럼 흰 달빛을 밟으며 어서 달려오세요.

  아아! 당신이 번잡한 일상에서도 나처럼 외롭다면, 그냥 스카프 하나 둘러쓰고 이 간월암으로 달려오세요.

마사이 전사처럼

제2부

마사이 전사戰士처럼

그래!
 얼굴에는 귀신 쫓는 문장을 그리고, 현란한 옷과 온갖 장식으로 몸을 치장하고, 물소의 등을 그 아름답고 강한 갈기털을 휘날리며 뛰어오르는 사자처럼 껑충껑충 뛰며, 때로는 포효咆哮하는 사자처럼 해지는 붉은 하늘을 바라보며 소리 지르는, 마치 자기가 세상에서 가장 잘난 사내인 것처럼 고개를 치켜들고, 거침없이 초원을 걷는 마사이 전사처럼, 이전투구泥田鬪狗의 시장 바닥을 향하여, 희로애락에 미쳐 버린 거친 숨결이 펄떡이는 도시 한가운데로, 애증愛憎이 부글거리는 세상 속으로 걸어가리라.
 끝이 없는 저 아득하도록 무진無盡한 세월 속으로, 그 기약이 없는 발걸음 같은 세월 속으로 뚜벅뚜벅 걸어가리라.
 누군가가 내게, 세상은 가슴 짓무르도록 슬픈 것이며, 삶은 마치 생살을 찢는 아픔과 같은 것이며, 고뇌는 올무처럼 너의 목을 조를 것이며, 그래서 너의 삶은 마치 화덕에 던져진 생선처럼 고통스러울 것이라고 말하더라도, 그래서 너의 길은 가시밭길처럼 고통스럽고, 분뇨와 진흙으로 더럽혀진 길처럼, 아무도 같이 걸을 이가 없는 외로운 길이라고 말하더라도, 세상이 황야처럼 메말라, 한 방울 인정人情의 물이 그리워 어느 담벼락 아래 홀로 앉아 눈물을 흘릴지라도, 사랑할 사람이 없어, 그리운 얼굴이 없어 슬픈 달빛만 쳐다보며, 흘러간 날들만 그리워하게 될지라도, 나는 마사이 전사가 할 일 없이 초원을 걷듯, 세상을 향하여 걸어가리라.

 누가, 너는 전생前生의 삶이 나빠 더 이상 너의 손에 들리는 것은 재물과 행복이 아니라, 빈손과 허무뿐일 것이라고 말하더라도, 네가 아무리 밤을 새며 눈이 짓무르도록 일하여, 네게 주어진 임무를 다하여도 너의 어깨를 치며 네 노고를 칭찬할 사람은 없을 것이라고 하더라도, 그래서 솜처럼 피곤해진 네 육신이 쉴 곳이 없어, 마침 네가 찾는 길이 외로운 숲속의 길뿐일 것이라고 하더라도, 아! 그래서 나의 희망은 무너지고, 절망이 마치 어두운 밤처럼 나를 덮쳐 떠나지 않을 것이라고 하더라도, 나는 저 메마른 초원을 건들거리며 걷는 마사이 전사처럼 세상을 향하여 걸어가리라.

 네게 오늘이야말로 가장 행복한 날이며, 더 이상 오늘보다 더 행복한 내일은 없을 것이라고 말하더라도, 너의 걸음은 나날이 쇠약해져 이제 더 이상 힘찬 발걸음을 할 수 없을 것이라고 말하더라도, 너의 머리는 더 희어지고, 너의 피부는 더 늘어지고 쭈그러져 윤택을 잃고, 네 몸에는 더 이상 향기가 나지 않을 것이라고 하더라도, 그래서 이제 네게 약속된 것은, 죽음과 너의 악취 나는 몸을 묻을 한 뼘의 찬 땅밖에 없을 것이라고 하더라도, 그래도 나는 마사이 전사가 한가롭게 휘파람을 불며 초원을 걷듯, 세상을 향하여 걸어가리라.

네 신세는, 마치 찬바람을 따라 북쪽으로 날아가는 가을밤의 외로운 기러기 같을 것이며, 너의 밤은 날마다 사나운 귀신들에 사로잡혀 지옥으로 끌려다니는 꿈을 꾸는 시간이 될 것이며, 그래서 너의 밤은 휴식이 아닌, 세상에 있는 모든 두려움에 사로잡혀 진땀을 흘리는 시간이 될 것이며, 너는 너무 피곤해져, 너를 태어나게 한 부모를 원망하게 되리라고 말하더라도, 네가 사랑하는 사람마다 불행을 겪게 되어 너 자신을 저주받은 사람이라고, 네 가슴을 치며 통곡을 하게 될 것이라고 말하더라도, 그래서 차라리, 네가 먼저 세상을 잡은 손을 내려놓는 것이 나을 것이라고 말하더라도, 나는 마사이 전사가 밤을 두려워하지 않고 초원을 걷듯, 세상을 향하여 걸어가리라.

간절히 보라!
누가 무어라 하든 세상은 미치도록 아름다운 환상幻相이 아닌가. 더러운 것이므로 침을 뱉어야 한다고 말하는 칠정七情이 없다면, 네가 그토록 열망하는 '숭고한 사랑'은 대체 어디에서 비롯된 것일까?
네가 그렇게 없애 버리겠다고 오만하게 말하는 오욕五慾이 없다면, 네가 찾는 열반涅槃은 대체 어디에서 비롯된 것일까?
세상은 그 더럽다는 것으로 인하여 비로소 아름답고, 세상은 그 불행한 것으로 인하여, 비로소 그 반대쪽에 네가 그토록 탐하는 행복이 서성거리고 있으며, 네가 불행이라고, 그러니 빨리 손을 놓으라고 외치는 것들이, 사실은 전부 우주에 편재偏在한 우리들 마음의 편린片鱗이라는 사실만 인정한다면, 두려운 밤과 불편한 내일은 없을 것이다.
설사, 산속의 칠흑 같은 어둠이 가져다주는 두려움과 가슴을 저미는 슬픔이 나를 집어삼켜도, 나는 한여름의 호수에서 자란 연꽃처럼 그것에 물들지 않을 것이다.

때때로 감당할 수 없는 환희가 소나기처럼 몰려올 때면, 나는 또한 삶이 내게 준 그 축복을 안고 한껏 뒹굴리라.

이 삶의 바다는 나의 창조創造의 세상이기에, 나는 매일매일 새로운 걸음으로, 두려움 모르는 마사이 전사처럼 세상을 향하여 걸어가리라.

굿바이, 예수님

요셉의 아들 예수가 예루살렘 큰 예배당에 들어가, 좌판을 깔고 장사하던 장사치들을 내쫓고 좌판을 뒤엎는 사건이 발생하여, 예루살렘 시내가 떠들썩하던 때였습니다.

예수는 그 잘난 제자들을 불러 모았습니다.

선생이 갈릴리 어촌에서 목수질 하던 사람이다 보니 제자들도 고만고만하여, 고기잡이들 아니면 세금 거두는 심부름 해 주고 먹고사는 세금쟁이나, 예수가 빈손으로 빵을 만들어 먹이고, 병을 고치는 것을 보고 몰려든 사람 떼를 보고, 정치적으로 이용해 보겠다는 엉뚱한 생각으로 접근한 유대 독립을 꿈꾸는 비밀결사 대원, 예수를 나중에 한자리할 정치적 야심가로 보고, 권력을 쥐면 자리 하나씩은 나누어 주겠지 하고 늙은 어머니를 앞세우고 달려온 눈치만 남은 형제, 그리고 예수에게서 남성을 느끼고 따라다니는 여자, 대부분 신학이나 명상과는 거리가 먼, 세상사 명리名利를 쫓는 얼치기들이었습니다.

예수 자신도 가난한 목수집 큰아들로 태어나, 정규 교육을 제대로 받지 못했을 터이니, 일찍이 영적靈的인 열망을 가지고 신학에 접근한 고급 두뇌나 명상가들을 제자로 둘 형편은 못 되었을 것입니다.

예수는 아직 서른세 살밖에 되지 않은, 돈도 없고 빽도 없는 머리가 새파란 젊은이였고, 따라다니는 사람들은 불구가 되어 성전聖殿 출입조차 금지된 사람들로서 공짜로 병 고쳐 달라고 달라붙거나, 곤고한 삶이 자기의 죄값이라고 부르짖으며 괴로워하는 사람들이었습니다.

이런 가운데, 앞뒤를 가리지 않고 내뱉는 예수의 말 때문에, 겉 다르고 속 다른 속물俗物, 입으로 여호와를 팔아서 영화榮華를 누리는 더러운 인간으로 몰린 바리새파 장로들은, 예수가 걸리기만 하면 죽여 버리겠다고 이를 갈던 때였습니다.

그러나 예수는 이런 조잡한 주위 조건에는 조금도 개의치 않고, 자신은 오로지 이스라엘 하나님의 외아들이 분명하고, 누가 무어라 해도 여호와께서 여러 차례 이스라엘에 보내 주시겠다고 약속한 그 구세주라고 큰소리치고 다녔고, 나중에는 자기를 믿으면 죽어도 산다고 호언장담까지 했습니다.

이전에는 들어 보지 못한 이 황당한 말에, 사람들의 눈이 휘둥그레해졌다 반짝반짝해졌다 샐쭉해졌다 했을 것이고, 들은 때는 영판 그렇게도 보이다가도, 집에 돌아와서 가만히 생각해 보면 영 엉터리 같은 소리여서, 믿을 둥 말 둥했을 것입니다.

나아가 예수는 오늘 낮에는 이스라엘의 서울인 예루살렘의 큰 예배당에 들어가 "내 아버지께 기도하는 집을 장삿집으로 버려 놓은 놈들은 가만두지 않겠다!"라며, 성전에서 호구지책으로 좌판을 깔고 하루 벌어 먹고사는 좌판 장수들을 두들겨 패서 내쫓고 좌판까지 뒤

엎어, 영판 여호와의 외아들 노릇을 톡톡히 하고 온 것입니다.

　이러한 일은 이스라엘이 생기고 난 뒤 단 한 번도 없었던 전대미문前代未聞의 사건이었으므로, 예루살렘 시내가 이 소문으로 소란했습니다.

　예수도 이 사건으로 예루살렘 사람들이 자기를 어떻게 생각하는지 궁금해서 제자들을 불러 모았습니다.

　"사람들이 내보고 뭐라 하더노?"

　한 제자가 얼른 말했습니다.

　"사람들이 진짜로 선생님이 하나님의 아들이 맞다고 합디다."

　"전부 다 그렇게 말하지는 않았을 텐데?"

　예수가 떠보는 말을 하자, 한 제자가 슬그머니 말했습니다.

　"선생님 고향에서는 말이 좀 다른 모양입디다요. 갈릴리 선생님 고향 사람들은 모이면 이렇게 수근거린답니다. '요 목수 큰아들이 요사이 변했다며! 지가 구세주라 카고 다닌다며, 거기 무슨 말이고?' 이렇게 말입니다."

　'요 목수'는 목수인 예수의 아버지 요셉을 가리키는 말입니다.

　이 말을 들은 예수는 크게 실망했습니다.

　"봐라! 선지자치고 자기 고향에서 환대받은 사람 봤나? 그런 사람 어디 있더노? 고향에서는 영 말빨이 안 선다 했제! 내가 아무리 말을 잘해도, 예루살렘 사람들이 내보고 구세주라고 올리브 나뭇가지를 흔들어도, 그 사람들에게는 내가 맨날 요 목수 아들에 불과한 거라!"

　어부였던 나이 많은 제자가 이 말에 동조했습니다.

　"그렇습니다, 선생님! 저는 고깃배와 그물을 버리고 선생님을 따라나서서, 지금은 선생님의 가장 큰 제자로 성공했지만, 고향 갯가에 가면 지금도 동리 늙은이들이 '어이! 자네 부세잡이 베씨 아닌가! 그래 요즘 밥은 제대로 먹고 다니는가?' 라며 영 딱해 죽겠다는 눈으로 쳐다봅니다. 그 사람들 보기에는 나는 아직도 구름 쫓아다니는 부세 잡이 베가입니다."

이 나이 많은 제자는 가족의 생계가 달렸던 그물을 버린 것이 마음에 몹시 걸려 있었던 모양입니다.

"믿는 자에게 복이 있을 것이다!"

나이 많은 제자와 예수는 오랜만에 죽이 맞았습니다.

예수는 동리 사람들의 비난을 무릅쓰고 자기를 따라나선, 이 나이 많은 제자의 사기를 위하여 단호히 말했습니다.

"나중에, 네가 잠그면 닫히고 풀면 열리는 하늘 열쇠를 네한테 줄 테니까, 그런 말에 너무 마음 상하지 마라."

이 제자는 그만 감동하여 신앙고백을 하였습니다.

"선생님은 하나님의 아들입니다!"

그렇지만 제자 중, 큰 예배당에서 예수가 좌판 장사치들에게 한 행패를 보고 내심 불안하여, 예수의 동태를 유심히 살피던 한 제자는 마음이 달랐습니다. 변덕이 죽 끓는 예루살렘 가난뱅이들이 이 사건을 계기로 갑자기 예수를 비난하기 시작했기 때문입니다.

이 제자는, 예수가 예배당에서 호구지책으로 좌판을 깔고 장사하는 불쌍한 장사치들을 채찍을 휘두르며 내쫓는 것을 보고, 예루살렘 사람들이 예수를 가난한 그들의 친구가 아니라고 판단했을 것이라고 생각했습니다.

유대교 실력파인 바리새파 장로들이야, 가난뱅이들을 떼로 데리고 다니는 예수를 이러지도 저러지도 못하여 "참으로 참담한 놈이 설치고 다닌다!"라고 욕을 했지만, 예수한테서 치료를 받거나 빵을 얻어먹은 사람들 그리고 청산유수인 그의 언변에 반한 사람들은 모두 예수를 '구세주'라고 부르면서, 올리브 나뭇가지까지 꺾어 흔들며 따라다녔습니다.

예수는 스스로 생각해도, 예루살렘에 혜성처럼 나타나 대중들의 마음을 단번에 사로잡은 영웅이었으므로, 바리새파 장로들의 증오나 비난이 겁나지 않았습니다.

가난뱅이들이 수적으로 절대적으로 우세하였고, 그들은 그의 관심에 보답하듯 우호적이고 열렬한 지지를 보냈기 때문이었습니다.

그런 인기가 오늘 그만 식어 버린 것인데, 아마 성전에서 내쫓긴 좌판 장사들이 낸 과장된 소문으로, 민심이 흉흉해진 까닭이었을 것입니다.

이 제자에게는 대중의 뜨거운 인기를 잃은 예수는, 누더기를 걸치고 거리를 떠도는 불쌍한 젊은이에 불과했습니다.

재처럼 변한 예루살렘 시민들의 마음을 읽은 바리새파의 장로들은, 그들을 향하여 가시 돋친 저주를 퍼붓는 예수가, 다시 대중들의 인기를 회복하기 전에 나무에 매달아 말려 죽이겠다고 작정을 했고, 눈치가 별난 이 제자는 그의 선생을 이런 장로들에게 팔아넘기기로 작정했습니다.

사랑과 증오는 손바닥과 손등과 같은 한몸이므로, 사랑이 바뀌면 곧 증오가 되는 이치를 잘 아는 예수는, 그의 때가 다했다는 사실을 예감하고, 제자들을 불러 모아 빵과 포도주로 마지막 식사를 하고, 마을 뒷산 겟세마네에 올랐습니다.

제자들 앞에서는 표 안 나게 평소같이 고상한 말만 했지만, 체포되어 높은 나무막대기에 매달려, 창에 찔려 비명을 지르며 고통 속에서 죽을 것을 생각하니 얼마나 무서웠던지, 온몸에 피 같은 땀을 뻘뻘 흘리며, 자기의 신 여호와에게 살려 달라고 몸부림쳤습니다.

"아버지! 나를 살려 주시면 안 되겠습니까?"

그렇지만 그의 용한 제자들은 전부 널브러져 잠에 빠져 있었고, 죽음이 걸어오는 적막한 한밤중에 그는 혼자였습니다.

그가 먼저 손을 내밀어 사랑하였고, 그래서 그의 손을 잡았던 가난뱅이들조차도 그에게 등을 돌렸고, 제자라는 것들은 아직도 상황 파악이 되지 않아 천지도 모르고 자고 있었으며, 그중 한 놈은 자기를 팔아넘기겠다고, 그를 체포할 군인들을 데리고 오는 중이었습니다.

그리고 그가 물으면 곧장 대답하던 그의 신神도, 오늘 밤은 입을 다물었습니다. 그의 신 여호와의 침묵은 "그대의 운명대로 될 것이다."입니다.

햇살에 버려진 밤처럼, 어머니의 손을 놓아 버린 아이처럼, 그는 세상과 그의 신으로부터 버림받았다는 것을 알았습니다.

그는 조용히 죽기로 작정했습니다. 그가 단 한 벌의 옷을 걸치고 거리를 떠돌아다니면서 한 일은, 세상 사람들이 원래 죄 없이 깨끗한 하나님의 아들들이며, 그래서 원래 구원이 되어 있는 완전한 존재들이니, 완전한 존재에 걸맞는 완전한 사랑을 실현하라고 외친 것이었습니다.

그는 세상을 먼저 사랑하였고, 세상이 버린 것들조차 사랑하였고, 세상이 그를 욕해도 사랑을 포기하지 않았습니다.

그가 신성神聖을 모독했다는 주장은, 죄의식罪意識에 찌들어 빠진 자들이나, 사람들의 죄의식을 이용하여 종교적 권력을 얻는 종교업자들의 주장일 뿐이었습니다.

나무에 매달려 몸부림치며 죽어야 할 죄는 없었습니다.

다만, 세상 사람들이 그의 말과 그의 삶의 방식을 온전히 이해하지 못했고, 그 잘난 제자들도 그랬습니다.

그가 억센 병정들에게 재판정으로 끌려갈 때, 하늘 열쇠를 받기로 한 제자도 몇 번이나 그의 선생을 영판 모르는 사람이라고 잡아뗐습니다.

  그는 섭섭해서 눈물이 났습니다.

  "…너 마저…!"

  그가 사랑했던 사람들이 그에게 되돌려 준 것은 오해와 배신이었고, 그가 흘린 눈물은, 사랑을 배신으로 갚는 불쌍한 세상 사람들에 대한 연민의 눈물이었을 것입니다.

  그랬던 그를 생각하면 그만 짠해져서 눈물이 납니다.

  "굿바이, 예수님! 부디 안녕히 가세요. 나는 당신이 하나님의 아들이라는 선언을 지지합니다. 우리들 모두가 하나님의 아들들이기도 하지요. 일찍이 이것을 가르치고 선언해 준 당신께 삼가 삼배를 올립니다."

후회

    대청마루와 문을 활짝 열어젖힌 안방은, 늦은 가을의 기울어 가는 햇살이 차지하고 있었습니다.
    어머니의 얼굴과 흰 머리도, 만지면 소리 내며 바스러질 듯한 마른 햇살이 차지하고 있었습니다.
    나는 떠날 채비를 마쳤으므로, 신발을 챙겨 신고 대청마루에 걸터앉았습니다.
    이전 같았으면, 어머니는 나와 같이 집에서 골목을 걸어 나와 신작로에 서서, 내가 신작로 모퉁이에서 사라질 때까지 지켜보고, 그것도 모자라 신작로 귀퉁이에 앉아, 내가 사라진 모퉁이를 한참이나 바라보았을 것이지만, 몸이 불편해진 이후에는 안방에서 그냥 나를 보내야 했습니다.
    예정된 차를 타야 할 시간이 촉박하다는 생각에 마음이 갑자기 서두르기 시작했습니다.

그때 나를 지탱해 주는 것은 매월 월급을 주는 직장이었으므로, 시간에 맞추어 일터로 회귀해야 한다는 것이 생존 자체처럼 중요하게 여겨지던 때였습니다.

내가 축담으로 내려서자 어머니는 "이것 좀 연호사 스님께 갖다 드려라."라며 하얀 봉투 하나를 내밀었습니다.

"몸이 아파 갈 수 없으니 네가 갖다 드리고 가거라."

이전에도 그런 일이 몇 번 있었습니다.

나는 절에까지 가서 그 돈을 전달하고 예정된 차를 탈 수 있을 시간이 될지 조금 불안했습니다.

"무슨 돈인데요?"

"기도비다. 절에 못 가 몇 달째 전하지 못했다."

그때에야 어머니가 그 어려운 살림을 하면서도 매월 절에 기도비 명목으로 돈을 전달한다는 사실을 알게 되었습니다.

집으로 올 때마다, 어머니의 어려운 살림을 보면서 적은 돈밖에 드리지 못하는 것 때문에 마음이 편치 않았는데, 어머니는 그 적은 돈조차도 살림에 다 쓰지 못하고 아껴서 절에다 매월 돈을 준다고 하자, 갑자기 짜증이 밀려왔습니다.

어머니의 젊은 시절 집안에 남아 있던 유복함은, 이미 우리 집에서 떠나고 없음을 나는 뼈저리게 느끼며 살고 있었으므로, 혹 어머니가 아직 우리 형편을 착각하고 있는 것이 아닌가 하는 의심마저 들었습니다.

"돈도 없으면서 뭐하러 절에다 돈을 주요, 살림에나 쓰지…."

나의 말에 어머니는 머쓱한 표정이 되어, 낯선 사람을 보는 눈이 되어 나를 쳐다보았습니다.

이전에 없었던 일이라 나는 다소 당황스러웠습니다.

종일 법당에서 절을 하는 어머니와 같이 있는 것이 지겨워 집으로 가자고 조르는 나를, 법당 탱화 앞에 앉혀 놓고 착하게 살아야 하는 이유를 설명하시던 젊은 어머니의 모습이 떠올라, 나의 말이 어머니에게는 마치 남의 집 자식이 하는 말로 들렸을 것이라는 생각이 들었습니다.

그러나 어머니는 곧 표정을 바꾸었습니다.

"기도비다! 갖다 드려라."

그러나 그때의 나는, 우리 집 형편이 누구보다도 어려우므로 그런 것에 돈을 쓸 여유가 없다는 생각으로 차 있었으므로 물러서지 않았습니다.

"그런 데 돈 쓸 필요가 없소…."

어머니는 부탁을 거절당한 무안함 때문인지, 매우 쓰라린 매를 맞은 사람처럼 되어 멍하니 방바닥을 쳐다보았고, 나는 난감하여 발걸음을 떼지 못하였습니다.

어머니의 침묵과 나의 난감함이 만든 정적을 뒤뜰 대나무 숲에서 이는 바람 소리가 쓸어 갔습니다.

어머니는 그 시간이 괴롭고 어색한 듯, 그리고 돈을 전달하기를 체념한 듯, 차 시간이 늦는데 빨리 가지 않고 무어 하느냐며 손을 내저었습니다.

무언가 분명하지는 않았지만, 내가 어머니의 소중한 무언가에 큰 상처를 입혔거나 부순 것이 분명하다는 죄책감이 들어, 무거운 돌 하나를 마음에 넣은 채 집을 나왔습니다.

어머니는 그 후 다시는 그런 부탁을 하지 않았습니다.

어머니가 가시고 난 뒤 우리 집 축담에 서면, 나를 반기는 것은 뒤뜰 대나무 숲에서 이는 바람 소리와, 우리 집 대청마루가 아니면 놀 때가 없는지, 내가 갈 때마다 대청마루에 누워 있는 햇살뿐이었습니다.

가신 지 십수 년이 흘렀지만 내가 대청마루에 걸터앉으면, 가을 억새처럼 머리가 하얗게 샌 어머니의 부탁을 거절하던 그 순간의 시간이, 분명하지 않은 정체로 나를 찾아왔습니다.

그때마다 나는, 그때의 나의 행동이 지나치지 않았다는 것을 내 자신에게 설득하기 위하여, 여러 가지 이유를 만들어 내게 이야기를 해야 했습니다.

가령, 타락한 승려들이 수행 종교인 불교를 기복祈福 종교로 만들어 이를 수단으로 돈을 밝히며, 어머니는 그런 승려들의 이야기로 인하여 불교를 무속巫俗과 구분하지 못하고 있었으며, 여유가 있다면 그런 돈은 절에 가져다줄 것이 아니라 어머니가 젊은 시절 그랬던 것처럼, 정말 고단한 사람에게 주어야 할 돈이었으므로, 어머니를 말린 것이 잘한 일이었다는 등의 이야기였습니다.

그러나 어머니의 믿음은, 단 한 번도 정돈된 논리였던 적이 없었던, 가슴 아픈 연민 같은 것이었으므로, 내가 만든 그런 이야기는 늘 방향이 빗나가는 어설픈 속임수에 지나지 않았습니다.

주린 배로 우리 집 마당에 비를 맞고 선 사람이나, 흉한 병이 들어 사람들이 집에 들이기조차 꺼리는 사람을, 대청마루로 불러 올려 밥상을 차려 주시던 어머니에게는 맞는 이야기가 아니었습니다.

아직 어렸던 나는 불평을 하였지만, 어머니는 누구의 가르침에 따라 그렇게 하는 것이 아니라, 정말 마음이 아파서 하는 일이라는 것을 알고 있었기 때문이었습니다.

그런 이야기를 만들다 지친 나는, 어머니가 돌아가시기 전에 그런 부탁을 한 번만이라도 더 해 주었더라면, 나는 이전의 잘못을 만회할 기회를 잡은 듯, 매우 흡족하게 그 일을 하였을 것이라는 생각을 하기도 하였습니다.

　나이가 들면서, 세월에 비례한 만큼 쌓이는 연민들의 무게 때문인지, 함부로 삶이 무엇이라 단정할 수 없게 되었을 때, 삶이 던져 준 의문을 납득시켜 주고, 쇠함이 가져다주는 상실감을 따뜻하게 위로해 줄 근원적인 존재가 한 발씩 다가온다는 것을 이해하면서, 그 존재가 젊었을 때부터 확신과 신명을 바쳐 친숙해진 것이었다면 더욱 절실하였을 것이라는 생각이 들었습니다.

　그러자 내가 지금까지 가져왔던, 어머니의 부탁을 거절하고 돌아서며 느꼈던, 내가 부수고 말았다고 생각한 어머니의 소중한 무언가의 정체가 분명하게 드러났습니다.

　다른 사람들은 부정할지라도 어머니에게는 실재實在하는 근원적인 존재, 어머니가 문제를 안고 법당에 앉을 때마다, 그 모든 의문을 풀어 주고 위로해 주던 경외스런 존재에 대한 연대감과 그런 것에서 비롯된 기도였습니다.

　아픔과 괴로움이 질문을 할 때마다, 어머니는 법당에서 해답을 찾았으므로 기도는 어머니의 삶이었습니다.

　아마 어둠이 몰려오는 저문 황혼길을 걸어가시던 어머니가 찾던 불빛 같은 것이었을 것이며, 피곤한 길을 쉬어 가시던 쉼터였을 것입니다.

　어머니는 몸이 아파 절에 가시지 못하게 되자, 그 돈을 보내어 기도를 대신하고 싶었던 것입니다.

　그 적은 돈 때문에, 어머니 혼자서 외롭게 걸어가실 수밖에 없었던 길을, 도와 드리기는커녕 도리어 훼방을 놓았다는 사실을 깨닫게 되자, 내가 너무 구차스럽고 초라했습니다.

그리고 어머니에게 너무 죄스러웠습니다.

어머니가 하루 종일 절을 해도 지치지 않던 그 젊은 시절부터, 걸어가시기조차 힘이 부쳐 기도비라도 전해 달라고 부탁을 하시던 절의 법당에 등燈을 달면서, 어머니의 기도가 그곳에서는 온전하게 계속되시기를 빌며, 오랫동안 머리를 들지 못했습니다.

향연饗宴

그때 나는 20대였고, 세상이 온통 장밋빛으로 도배된 때여서, 죽음조차도 아름답게만 느끼던 때였습니다.

상포계 계원이던 큰형님은 늘 바빠, 상포계에 상喪이 생기면 나는 형님을 대신하여 상여꾼이 되었습니다.

상포계 계원 중에는 조합장을 지낸 H씨가 있었는데, 큰 키에 불그래한 혈색과 매부리코를 한, 배가 남산만큼 나온 호남好男이었습니다.

이 키 큰 남자는, 한가한 시간이면 집에서 가까운 사거리에 버티고 서서, 뒷짐을 지고는 몸을 짐짓 뒤로 젖힌 채 오가는 사람들의 인사를 받았는데, 나이 많은 고모님이 그 모습이 못마땅하여 "조합장! 자네는 왜 아침저녁으로 길거리에서 배는 쑥 내밀고 서 있는가?"라고 하면 "그래야 구장터 여자들이 좋아서 반할 거 아입미꺼!"라며 넉살 좋게 웃어 젖혔습니다.

H씨는 그 우람한 덩치 덕분에, 상여를 맬 때마다 상여 맨 첫 번째

칸에 섰는데, 그 큰 키 때문에 상여꾼들 중에서도 단연 돋보였고, 그에 따라 상여의 무게를 가장 많이 감당해야만 했습니다.

나는 항상 이 덩치가 우람한 양반의 바로 뒤 칸에 서서 상여를 맸으므로, 이 양반이 상여를 맬 동안 겪는 고통을 가장 가까이서 볼 수 있었는데, 나보다 땀을 정확히 세 배는 더 흘리며 "아이고! 키는 와 이리 커갖고…. 죽을 맛이네! 그런데 이놈은 와 이리 무겁노!"라며, 자신의 큰 키에 대하여 새삼 저주를 퍼붓고 한탄하기를 그치지 않았습니다.

그리고 상여를 이끄는 종두꾼이, 가족 상주들로부터 노잣돈을 더 받아 내기 위하여 상여를 세우고 어르면, "어이! 니는 상여 안 매고 요롱만 흔드니 살 만해서 그래제! 누구 죽일라고 그라나…. 빨리 못 가나!"라며 호통치기가 일쑤여서, 은근히 노잣돈을 바라는 상여꾼들의 미움을 사기도 했습니다.

나는 이 희극戲劇이 너무 재미있어 상여꾼이 되는 것이 매우 즐거웠습니다.

그로부터 봄이 여섯 번쯤 지난 뒤에 H 조합장은 갑자기 세상을 버렸고, 나는 H 조합장의 상여를 매게 되었습니다.

상여를 맬 때마다, 상여 맨 앞에 서서 땀을 뻘뻘 흘리며 온갖 엄살과 사설로 무거운 장례길을 가볍게 해 주던 사람이, 상여에 얹혀 무덤으로 들어갈 길을 찾아가고 있다고 생각하니, 묘하고 무서워지면서, 비로소 내가 하고 있는 상여꾼질이 놀이가 아니란 생각이 들었습니다.

상여는 생령生靈을 눈부신 햇살에서 영원한 어둠으로 실어 가는 마차였고, 상여꾼은 생령을 이승에서 저승으로 옮겨 가는 길꾼이었습니다.

검은 상복을 입은 저승사자가 상여 앞에 서서 죽은 이의 넋을 재촉하여 먼 황천黃泉길로 데려가고 있다는 생각을 하자, 세상이 갑자기 생기를 잃어 시들해지고 삶이 두려워지기 시작했습니다.

조합장은 산에 버려졌지만, 그날부터 나는, 죽음으로 달려가는 열차에 몸을 실은 과객過客이 되었습니다.

그 후 열 번의 봄이 지난 어느 비 오는 날, 나는 나를 상여꾼으로 만들었던 형님을 다시 땅에 묻었습니다.

그때 나는 우리가 살아가는 삶이란 것이 하잘것없는 기대나, 채워지면 곧장 사라질 희망이나 쾌락, 혹은 자기가 만든 이상한 가치價値를 쫓아 눈먼 사람처럼 달려가는 달음질이라는 것을 알았습니다.

그 달음질의 끝에는 죽음이 서성거리고 있지만, 사람들은 대개 잊고 삽니다.

나를 상여꾼으로 만든 두 사람의 죽음은, 내게 산다는 것이 얼마나 허무한 달음질인가를 절실하게 보여주었습니다.

그러나 머리가 희어지고, 많은 곡절을 겪으면서, 정말 산다는 것은 허무하기만 한 것일까 하는 의문이 들었습니다. 정말 그런 것이라면 사람은 구태여 인생이란 기회를 가질 이유가 없었을 것입니다.

삭풍 같은 아픔이 있었지만 오월의 바람 같은 설레임도 있었으므로, 사는 것이 허무하고 괴롭기만 한 것이라고 할 수 없었습니다.

아침 이슬처럼 맑고 꽃잎처럼 아름답던 시절이 있었고, 어쩌면 그것만으로도 나는 사는 것에 보상을 받았다는 느낌을 받았으므로, 사는 것이 그냥 허망한 것이라고만 하는 생각에는 동의할 수 없었습니다.

생각해 보니, 내 삶은 그런 순수함과 이기적인 욕망, 좌절과 희망이 범벅이 된 두루뭉수리 같은 것이었으므로, 단순하게 정의할 수 없는 것이었습니다.

계절의 바람에 따라 쉴 사이 없이 화려한 옷을 갈아입는 산과 들, 가족들과 얽힌 그 한정 지을 수 없는 정들은, 내가 이 삶이라는 기회를 얻지 않았다면 알 수 없는 것들이었습니다.

벌초하는 날, 나를 상여꾼으로 만들었던 형님의 묘 앞에 서자, 저 먼 아래쪽에, 그 우람한 몸과 걸걸한 목소리로 한세상을 거침없이 살았던 H 조합장의 묘가 보였습니다.

그 묘가 만들어질 때, 나는 그의 시신을 운반한 상여꾼들과 같이 그 묘봉을 밟으며 허무감에 내려앉는 가슴을 달래야 했습니다.

H 조합장을 생각하자 그의 혈색 좋고 유쾌한 얼굴이 떠올랐습니다. 같이 상여를 매던 그 어느 따스하던 봄날이 기억나고, 갑자기 그때가 몹시 그리워졌습니다.

우리는 그때 속절없이 웃어넘겼지만, 비교할 수 없이 완벽한 순간들이었다는 생각이 들었습니다.

그가 일어나 그 걸걸한 목소리로 이렇게 말할 것 같았습니다.

"이제 자네도 늙는군! 너무 많은 생각을 하며 살지 말게. 나는 사람들이 호한好漢이라 부를 만큼 거침없이 살았네. 그러나 몸은 구름과 같고 마음은 바람 같더라! 모든 존재는 사라지고 사라진 것들은 다시 만날 수 없더라! 그러나 산다는 것이 그렇게 허무하기만 한 것만은 아니야. 자네는 내 무덤을 보고 내 삶이 허무하다고 생각할지 모르나, 내가 산 삶들은 그 모든 순간들이 완벽했다네.

왜 완벽했냐고? 나는 다시 살아도 그렇게밖에 살 수 없을 것이기 때문이네. 산다는 것은 결국에는 희로애락을 쫓아가는 것 이상의 의미가 있던가. 그렇다면 나는 다시 살아도 그런 것을 추구하다가 죽을 것이고, 그런 것을 추구하는 순간들은 그 상황에서 최선의 선택이었을 것이므로 어느 한순간인들 완벽하지 않은 순간이 있을까?

깐깐하게 만사萬事에 기준을 정해 놓고, 거기에 맞지 않으면 화를 내고 괴로워하며 살지 말게. 그냥 전부를 받아들이며 살게. 성공과 실패는 기준을 정한 자의 입장과 판단일 뿐, 본질적으로 둘 다 삶의 한 부분일 뿐이네.

희로애락은 우리가 같이 산 이 염부제閻浮提의 인생이 아니면 경험할 수 없는 소중한 것들이었네. 다만 너무 짧아 아쉬울 뿐이었네."

그 말은, 나이가 들어 가는 내가 내게 하는 말이었고, 내가 내게 바라는 말이기도 했습니다. 이런 말은 H 조합장처럼 한평생을 흔쾌히 살아 낸 사람만이 할 수 있는 말일 것이고, 나도 그렇게 살아야겠다는 다짐이기도 했습니다.

문득 이런 생각이 들었습니다.

'우리는 모두 손을 잡고, 오월 어느 날 아침 설레는 마음으로 산보를 나서듯, 같이 한 열차를 타고 이 지구라는 행성으로 놀러 온 여행객이었을 것이다.

우리가 겪어야 하는, 이별의 어두운 슬픔이나 만남의 환희가 없다면, 탄생의 기쁨과 죽음의 그 깊은 허무가 없다면, 삶에 그러한 극적인 대비對比가 없다면 이 여정旅程에 무슨 재미가 있을까?

여행객에게 재미있게 즐기는 일 외에 무슨 목적이 있을 수 있을까? 사는 것에 구태여 의미를 부여하지 않는 한, 특별히 기준을 정해 놓지 않는 한, 무슨 절망할 일이 있을까? 무슨 용서 못할 일이 있을까?'

우리에게 주어지는 것들을 그냥 받아들이며 살 때 비로소, 천진한 아이들의 웃음이나 눈물이, 이름 없는 들꽃이 피고 지는 것이, 한낮의 눈부신 햇살과 한밤의 차가운 별빛이, 갑자기 쏟아지는 소나기가, 미친 마음 같은 폭풍이, 불타는 저녁노을이 얼마나 아름답고 웅장한 우주의 춤인지, 우리가 무엇 때문에 여기 머물고 있는지 깨닫게 될 것이라는 생각이 들었습니다.

  우리가 얼마나 아름다운 우주의 꽃인지, 인생이 얼마나 기적 같은 향연饗宴의 시간인지, 우리는 어쩌면, 향연에 초대되어 향연을 즐기면서도 그 사실을 모르고 살다가, 늦게야 후회한다는 생각이 들었습니다.

손금을 막쥐다

B씨가 싫어하는 세 가지 군상群像이 있는데, 첫째가 은행원들이고 둘째가 선생들이고 세 번째가 예수 믿는 사람들이었다.

B씨가 표방한, 이런 사람들을 싫어하는 이유는 이들이 한결같이 용서를 모르고 인색하며, 인간미가 없다는 것인데, 다분히 개인적인 취향과 경험에 관련된 탓일 것이므로 유감有感을 가질 이유는 없는 일이다.

그러나 혼란스러운 것은, 그중에서도 그가 경멸을 섞어 부르는 '예수쟁이'들이 생명처럼 신봉하는 성경만은 '지혜가 담긴 책!'이라고 칭찬하는 것이었다.

나는 이러한 B씨의 모순을 이해할 수 없었다.

그런 지혜가 듬뿍 담긴 책을 신봉할 줄 아는 똑똑한 사람들은 극단적으로 싫어하면서도, 그들이 신봉하는 경전經典만은 가치를 인정한다는 것은, 어떤 대학을 '훌륭한 명문 대학'이라고 침이 마르도록 치켜세우면서도, 그 학교를 다니는 학생들은 '형편없는 얼간이 놈들!'이라고 비난을 퍼붓는 일이나 진배없는 일이기 때문이다.

그러나 B씨는 솔직하고 술을 좋아하며, 특히 술을 마실 때마다 술값은 한사코 자기가 내겠다고 우기므로 매우 좋은 사람임이 분명하다.

그리고 그는, 내가 싫어하는 말을 결코 하지 않는 사람이어서, 내가 구태여 이러한 모순에 대하여 대거리를 해 가며 따질 이유도 없었으므로, 이 이상한 비밀은 내가 그를 알고 난 뒤 지금까지, 십수 년간 지켜져 왔다.

B씨에게는 키가 작달막하고 딱 바라진 체구의 아들이 하나 있는데, B씨가 가끔 취중에 내뱉는 말에 의하면 여간 걸물傑物이 아니었다. 벌써 중학교 다닐 때부터 여자친구를 데리고 당구장으로 헤집고 다니고, 고등학교 때는 가출을 예사로 하여 학교로부터 정학을 밥 먹듯이 당하는 골칫거리였다.

그러나 사람 좋은 B씨는 이 문제의 아들에 대하여 별로 절망하지 않았다.

"그래도 애가 시원시원해! 쩨쩨하지 않아!"

나는 그의 아들에 대한 이러한 평가가, 술을 좋아하는 B씨의 사는 데 대한 낙관적 태도 때문이라고 생각하여, 아들에 대한 욕심을 제어하지 못하는 나를 자책自責했다.

B씨의 아들은 어떻게 어떻게 들어간 대학을 졸업하자마자, 사업을 구상하고는 아버지에게 사업 자금을 대여貸與하기를 간곡히 부탁하였고, 여전히 걸물인 아들을 믿는 B씨는, 아들 몫이라고 보물처럼 간직한 조상 대대로 물려받은 고향의 땅을 팔아서 사업 자금으로 주었다.

아들은 골프 용구점을 시작으로 하여, 갖가지 사업을 하였는데 당연히 실패했다.

아들은 이 과정에 사기와 부정수표단속법으로 구속되기를 수차례 반복하였으므로, 경찰서에 한 번 불려가 본 적도 없는 B씨가, 부정수표단속법에 대한 전문가가 되었고, 유능하다고 호가 난 변호사들 이름까지 환히 꿰게 되었다.

그 대단한 아들이 아니면 발을 디딜 수 없는, 세상의 막장까지 경험하게 되었던 것이다.

아들의 여러 차례에 걸친 사업상의 실패 때문에, B씨는 종래에는 집까지 저당잡히게 되었지만, 언젠가는 아들이 엄청난 성공으로 그 손해를 일괄하여 보상해 줄 것으로 믿었는지, 별로 절망하는 기색이 없었다.

나는 그가 걸물로 인정하여 평생 추종하는 아들을 따라 배포가 커진 것이라고 생각했다.

"…나는 믿지! … 암 믿고 말고!"

술에 불콰해지면, 눈썹을 팔자로 늘어뜨리고 입을 연신 실룩거리며 B씨가 혼잣말로 하는 말이었다.

괴로워서 해 보는 소리인지, 술 얻어먹는 내 앞에서 객기로 하는 소리인지, 아니면 무너지는 아들에 대한 믿음을 지키기 위해 자신에게 하는 다짐의 말인지, 나는 그 속내를 알 길이 없었다.

대체 무슨 근거로 나이 40이 다 되어 가도록, 품행방정한 학생이 학교에 드나들듯 감옥을 들락거리는, 그 잘난 아들에 대한 끈을 놓지 못하는지, 나는 대체 알 수가 없었다.

어느 비가 오는 날 오후, 나는 B씨로부터 저녁에 한잔하자는 전화를 받았고, 퇴근 후에는 그가 좋아하는 막창구잇집에서 만났다.

그는 퍽 피곤해 보였고 말없이 소주만 들이켰다.

나도 그 이상한 낌새에 눌려 섣불리 말을 건네지 못하고 술만 따라 주었다.

"나참! 이제는 애가 뽕을 했다요…. 지금 또 감옥에 가 있소…. 그런데 지금 시작하는 사업에 지장이 많은 모양이요…."

B씨는 양념 냄새가 범벅이 된 메케한 연기로 가득 찬 막창집 천장을 올려 보며 말했다.

아마 마약 투약으로 다시 감옥에 투옥된 아들이, 사업 운운하며 꺼내 달라고 그 넓은 오지랖으로 닦달을 한 모양이었고, B씨는 그 말에 다시 홀린 모양이었다.

나는 생각했다.

마약까지 하는 아들이 정말 사업다운 사업을 한다고 생각하고 사업 걱정을 한단 말인가? 남의 일이지만 나는 더 이상 참을 수가 없었다.

지금까지 금기로 여겨 왔던, 그가 한사코, 내가 술값 계산하는 것을 막아 그 미안한 마음에 하지 못했던 것 같았던, 그의 아들에 대한 말을 꼭 해야겠다고 결심을 했다.

"B형! 내가 정말 십수 년간 보아 왔지만 참말로 딱해요! 이제 꿈 깨고 현실을 바로 보시오. 인정할 것은 인정하시란 말이오. 그 아이가 무슨…."

B씨에게는 너무 잔인한 말인 것 같아 차마 끝말은 하지 못했다.

그러나 B씨의 표정은 의외로 냉담하고, 무언가 결의를 다지는 것 같았다. 나의 뇌리에는, 풀리지 않은 화두 같은 까만 의문의 연기가 가득히 피어올랐다.

대체 B씨에게 그 아들은 무슨 의미일까. 아들로 인한 번민煩悶의 밤이 깊고도 길었을 터인데, 왜 저토록 미련을 버리지 못하여 평생을 끌려 다닐까? 무엇이 그 희망의 끈을 그토록 놓지 못하게 하는 것일까?

나는 뱉은 김에 끝을 보아야겠다고 생각했다.

"B형! 내 같았으면 그 아이는 벌써 포기했을 거요! 이 지경에 되어도 그토록 아들을 포기하지 못하는 이유가 대체 뭐요?"

B씨는 자기의 왼손을 들어 손바닥을 펴고는 잠시 생각에 잠겼다. 그리고 결심한 듯 말했다.

"막쥔 손금을 가진 자는 자고로 매우 귀하고, 분명히 크게 된다고 나와 있소. 그애 손금이 막금이요!"

비로소 나는 그가 그 망나니를 그토록 포기하지 못하는 이유를 알게 되었다.

나는 너무 놀라서 소리를 질렀다.

"그 사주쟁이들이나 하는 소리를 믿소? 이 개명한 세상에 그게 할 소리요!"

그러나 나의 비명 같은 고함에도 불구하고 B씨는 도리어 의기양양해졌다.

"아! 그 서양 사람들이 믿는 성경에도 나와 있어요. '너의 운명을 너의 손바닥에 새겨 놓았다.' 라고…."

나는 그제야 알게 되었다. B씨가 '예수쟁이'는 그토록 미워하면서도 성경은 왜 그토록 존중했는지를.

치약으로 머리 감은 어느 날 아침

계단을 내려오면서 그를 뒤에 세운 것이 화근이었다.
"문형! 오늘 계단을 내려오면서 보니 속알머리가 없습디다!"
J형의 음성은 약간 높아져 있었고, 대선 후보들 루머보다 더 흥미로운 사실을 발견한 것처럼 흥분해 있었다.
미상불, 나의 정체가 소나무 혹파리병으로 파괴되는 산림처럼 머리카락이 비어 가는 중년이 넘은 나이지만, 이 비밀이 하필, 내가 잘생긴 외모를 부러워하는 J형에게 발각된 것이 마음에 걸렸다.
J형은 매우 시의적절하고 유용한 화제를 발견한 사람처럼, 그리고 그가 마치 평소 머리카락 예찬자였던 것처럼 머리카락을 예찬하기 시작했다.
"머리카락은 젊은 사람에게는 건강과 아름다움의 상징이고, 나이 많은 사람에게는 지혜와 고귀함의 상징입니다. 머리카락은 첫째 풍성해야 합니다. 풍성하고 윤나는 머리카락을 가진 사람과, 아스팔트

바닥 같은 황량한 머리를 가진 사람을 비교해 보면 머리카락이 얼마나 중요한지 금방 알 수 있습니다. 문형! 내가 머리카락이 빠지지 않는 비결을 가르쳐 줄까요?"

J형은 내가 머지않아 머리카락으로 인하여, 인격적 결함을 가진 사람으로 평가받는 날이 올 수도 있다는 불길한 예언을 하고는, 예방법을 가르쳐 주겠다고 제안을 했다.

내가 이 말에 대꾸하지 않자, J형은 매우 귀중한 재산이 될 만한 지식을 가르쳐 주겠다는데 왜 시큰둥하냐는 마땅찮은 표정을 짓다가, 금방 나에게 "나의 기막힌 비결을 듣고는 도무지 기뻐하지 않을 수 없을 것이다."라는 의기양양한 표정이 되어 소리쳤다.

"문형! 치약으로 머리를 감아 봐요. 내 말할 테니…."

순간 나는 벌써 치약의 쐐한 냄새에 감전되어, 내 머리에서 하얀 치약액이 끈적거리는 느낌과, 사람들이 내 머리에서 나는 치약 냄새를 맡고는 나를 향하여 코를 벌름거리는 모습이 떠올랐다.

나는 속으로 외쳤다.

'이빨 닦는 치약이 무슨 발모제냐! 나는 그런 짓거리는 절대 안한다!'

J형은 내 눈에 나타난 나의 고함을 들은 것 같았다.

"문형! 참말이요. 아마 용하다는 생각이 들 거요."

나는 새삼스레 J형의 머리카락을 살폈다. 검은 머리카락과 흰 머리카락이 적당히 조화된, 머리를 가득히 메운 풍성한 머리카락이 마치 아름다운 관(冠)처럼 느껴졌다.

나는 화려한 백화점 엘리베이터 안에 서서, 그 화려함에 감탄하며 벽을 둘러보다가, 바로 맞은편 거울 속에 비친, 그 반대쪽 거울에 있는, 낯선 듯하면서도 도저히 남의 것 같지 않은 뒷머리 하나를 발견했다. 그것이 나의 것인지 여부를 확인하기 위하여 내가 고개를 들자, 그 거울 안의 뒷머리도 같이 고개를 듦으로, 아! 나는 그것이 나의 뒤통수인 것을 확인할 수 있었다.

그 뒤통수의 정수리는 거의 비어 가고 있었고, J형의 머리와 비교할 때 참혹할 만큼 황량했다. 불원간 가을걷이를 끝낸 들판처럼 변할 것이라는 불안이 엄습하고, 나도 좀 괜찮은 남자라는 평소의 환상이 태풍에 흩어지는 나뭇잎처럼 날아가고 있었다.

나는 불안하고 급박한 마음이 되어, 머리카락을 보호하는 약을 찾기 위하여 신문 광고와 인터넷을 뒤졌다.

그리고 마침 신문 한 면을 다 차지한, 바르기만 하면 여지없이 단박에 머리카락을 무성하게 자라게 하는 발모제 광고를 접하게 되었는데, 광고에는 헐빈한 머리가 새까만 머리카락을 뒤덮이는 사진들이 순서대로 나열되어 있었다.

나는 광고에 절대 현혹되지 않는다는 평소의 신념을 깨고, 그 사진의 진실성을 믿기로 했고, 아끼던 돈을 꺼내, 광고처럼 금방은 아니더라도 점차적으로는 머리카락이 틀림없이 복원될 것이라는 믿음으로 발모제를 샀다.

나는 아침저녁으로 약을 뿌리고 바르고 마사지를 했는데, 아마 게으른 사람들은 흉내 낼 수 없었을 것이다.

머리카락이 갈색으로 변했지만, 나는 그것이 곧 머리가 무성해질 징조로 보고 더욱 분발했다.

두 번이나 거금을 들이어 약을 구매하여 열심히 발랐지만 효과가 없다는 사실을 확인하였을 때쯤, 머리카락을 단박에 무성하게 한다고 법석을 떨던 발모제 광고도 갑자기 사라져 버렸다.

광고에 대한 불신의 신념을 깬 어리석음을 한탄하기 전에, 이제 나의 머리카락을 앞으로 어떻게 해야 하는가 하는 걱정이 앞섰다.

그리고 나는 J형의 그 풍성한 머리카락을 기억해 내고는, 어쩌면 J형의 그 풍성한 머리카락이 치약의 그 어떤 알 수 없는 약리 작용 때문일지도 모른다는, 일종의 의구심을 동반한 호기심이 발동했다.

이 생각은 머리를 감을 때 세면 바닥을 어지럽히는 머리카락을 셀 때마다, 점점 벌거숭이가 되어 가는 나의 정수리를 상상할 때마다 더욱 잦아졌다.

이제 나는 남은 머리카락만이라도 보존하기 위해서는 "나는 절대 치약으로 머리를 감지 않겠다."라고 한 선언을 뒤엎어야 할지 여부를 결단해야 했다.

치약으로 머리를 감게 된다면 아마 지하철을 탔을 때 아가씨들이나 아주머니들이 나의 머리에서 나는 치약 냄새를 감지하고는, '오늘 별놈을 보네!' 하는 눈으로 나를 쳐다보며, 연신 코를 벌름거리는 수모도 감내하여야 하리라.

그리고 나의 많지 않은 머리카락을 자꾸만 힐끗힐끗 쳐다보며, 그들끼리 '치약과 발모의 관계'에 대하여 토론하는 모습도 보게 될 것이므로, 나는 어쩌면 나의 머리카락에 대한 연민의 시를 써야 할 때가 올지도 모른다는 생각도 들었다.

또한 수많은 생각이 교차하며 생멸生滅하는 가운데, 머리카락이 나의 인생에 주는 의미를 가능한 많이 생각해 보아야 했다.

나는 드디어, 치약으로 머리를 감으려면 기존의 상식의 틀을 깰 줄 아는 용기와, 내가 치약 냄새를 휘날려 주위를 치약의 약리 작용에 대한 토론장으로 만들든 말든, 머리카락만 나면 된다는 일종의 도발적인 몰염치도 있어야 한다는 생각에 도달하게 되었다.

세상에는 큰일을 하려면 감내할 일이 그만큼 많은 법이다.
어느 날 아침 나는, 치약을 손바닥에 발라 거품을 내어 한참을 바라보다가 드디어 머리에 바르고 손톱으로 긁기 시작했다.
쒜한 치약 감촉이 머리에 배고, 그 진한 냄새가 코를 찔렀다.
서글픔과 기대가 뒤섞인 묘한 마음이 가을바람처럼 지나갔다.
나는 잘 상상이 되지 않았지만, J형과 같은 머리카락이 생겨나는 나의 모습을 상상하려고 노력했다.

매일 반복하여 생멸하는 나의 어리석은 욕망이, 마침 오늘 아침 나를 치약으로 머리를 감게 만들었다는 자괴감 속에, 한편 치약으로 머리 감기를 감행한 나의 행위가 어쩌면, 매일 의미 없이 흘러가는 나의 일상을 바꾸어 줄지도 모른다는, 엉뚱한 희망이 되어 피어올랐다.
치약으로 거품을 내던 나는, 어쩌면 오늘부터는 치약으로 머리를 감는 것만큼이나 재미나는 새로운 날들이 찾아올지도 모른다는, 매우 혼란스러우면서도 유쾌한 상상에 빠져들었다.
"아마 오늘 요만큼 엉뚱하고 재미있는 일이 일어날 거야!"

어느 수행자를 위한 변명

"승복 뒤에 숨겨진 성적 욕망을 감출 수 없었다!"

이 솔직한 말은 티베트의 어느 밀교 선승禪僧이, 뉴욕 태생의 한 여대생과 눈이 맞아 승복을 벗으면서 뱉은 말이다.

그는 티베트의 젊은 고승高僧으로, 유럽과 미국의 뭇 여성들에게까지 소문이 났던 모양이다. 어느 고뇌가 깊었던 여대생이 티베트 고원까지 이 고승을 찾아갔고, 두 사람은 숙세宿世의 인연이 있었던지 눈이 맞아 사랑에 빠졌다. 그래서 이 여대생은 고뇌를, 이 솔직한 승려는 바지 속의 사정을 해결했다.

이 사건이 아주 흥미로웠던 이유는, 이 선승의 파계破戒의 이유가 그의 두툼한 승복 속에 감추어져 온 성적 욕망 때문이었다는 고백 때문이었다.

이 수행자가 승복을 벗은 이유에 대하여 좀 더 차원 높은 이유를 기대한 사람이 있을지 모르나, 나는 그의 수행자다운 담백한 용기에 찬사를 보냈다.

　이 사건이 내게 의미가 있었던 이유는, 상당히 높은 수행력을 인정받은 수행자도 성적性的 문제로 번민하고 있었다는 사실이, 이 사건으로 들추어졌기 때문이다. 성애性愛에 대한 갈증으로 승복을 벗는 사실로 보아, 그는 비록 고승으로 소문이 난 승려이지만, 오온五蘊에 대한 갈애渴愛가 남아 있었던 모양이다.

　이 사건은 내게 두 가지 사실을 깨닫게 해 주었다.

　하나는 내 개인적인 성의 문제와 연관된 것인데, 나는 나름으로 수행에 대한 관심이 있어 수년 동안 수행처를 찾아다닌 바 있지만, 성적 욕망 부분에 대해서 극복했다고 할 자신이 없었다. 이 때문에 과연 내가 수행다운 수행을 했는지 자주 의심했다. 그런데 교단 규율에 따라 엄격한 수행을 하여, 마침내 고승으로까지 소문이 난 수행자도, 여전히 바지 속의 성적 욕망과 맹렬히 싸우고 있었다는 사실에, 나는 조금 안도했다. 그리고 기회가 오자 주저 없이 바지를 벗은 용기로 인하여 나는 조금 위로받기까지 했다.

　이 수행자의 파계로 인하여, 성적 욕망은 자연적인 것으로서 영적靈的 성취나 수행력과는 별로 관계가 없다는 추론을 얻었기 때문이었다.

　다른 하나는, 수행에 대한 기존의 생각을 바꾸게 된 것이다.

　수행이란 성적 욕망이나 희로애락의 감정과 싸워 이를 잠재우고, 내적인 고요나 평화를 추구하는 것이 아니라, 오온을 누리거나 다스리는 주인을 찾는 것이라는 것을, 그런 것이어야 한다는 사실을 새삼 확인하는 계기가 된 것이다.

　우리는 매일 자신이 만들어 낸 생각을 따라다니며 고뇌하고, 일상이 던져 주는 불안과 걱정을 극복하기 위하여 안간힘을 쓴다. 그래서 삶은 고통을 동반하지 않고서는 건너기 힘든 강이다.

사실, 산속에 앉아 "나는 누구인가?"를 숙고할 때보다, 세속에서 생존이 던져 준 번뇌를 풀 때 훨씬 더 많은 지혜가 필요하며, 더 큰 수행이 필요하다.

그러므로 수행을 승복을 입고 경經을 외우고 계를 지키는 것에 가둬서는 안 된다.

도道를 터득하는 데는 따로 정해진 수행 방법이 있을 수 없다. 우리가 아는 수행 방법들은 주로 교단이 만든 것으로, 도를 터득한 것으로 인정되는 사람이 했던 수행 방법을 따라하는 것이다. 도를 얻으려면 오온을 멀리하는 계戒를 지켜야 한다는 가르침도 하나의 방편일 것이다.

고승으로 소문이 났던 이 수행자는, 이제 한 여자의 지아비가 되어 거리낌 없이 세속의 욕망을 취하며, 삶의 대부분 시간을 가족과 자기를 먹여 살리는 돈을 버는 데 소비하게 될 것이다. 교단의 힘과 온갖 고상한 의식儀式을 행하며 얻은 명성도 사라질 것이다.

산속에서 불상과 마주 앉아 바지 속의 욕망과 싸우면서 늙어 가는 것과, 온갖 인간들과 수작酬酌해 가며, 오온이 만드는 희로애락의 숲속을 거닐며 늙어 가는 것 중, 과연 어느 것이 삶다운 삶일까?

수행의 목적이 자기의 참 주인이 되어 자유를 누리는 것이라면, 수행자의 수행처로는 고요가 깃든 숲속보다는 시끄러운 저잣거리가 좋으리라! 아마 이 수행자는 지극하게 감미로운 욕망을 마음에서 내쫓기 위하여, 수행이란 이름으로 처절하게 자신과 싸웠을 것이다. 그러다 마침내 그 욕망을 인정하고 수용하기로 한 것일 것이다. 수행자가 금기된 욕망을 인정하고 수용하는 데는 큰 용기가 필요하다. 범을 잡으려면 범굴로 들어가는 용기가 필요하듯이.

나는 이 이야기를 듣자 머리가 환해지면서 '원효'가 떠올랐다. 그는 교단에서는 파계승이지만 평생 무애無碍한 삶을 즐겼다.

그가 '자루 없는 도끼를 빌려 달라'라는 음탕한 노래로 과부인 요석 공주를 성적으로 유혹했고, 그녀와 동침하여 아이까지 생산했다. 그러나 그의 수행력을 의심하는 사람은 없다. 그는 요석 공주와 요란하게 놀아난 후에도 평생 수행을 포기하지 않았다. 그의 수행은 어떤 것이었을까?

나는 이 수행자가 소승小乘적으로 아라한도阿羅漢道를 증득하지 못한 수행자가 아닐까 의심했지만, 원효를 생각하며 이 생각을 재고再考하기로 했다. 무애야말로 도의 극치가 아닌가. 어쩌면 숲속에 홀로 앉아 열락悅樂를 즐기는 아라한보다 더 성숙한 경지일 것이다. 아라한은 오온과 칠정七情의 유혹에서 벗어난 사람을 말하지만, 무애無碍는 오온칠정과 함께 살면서 거기에 사로잡히지 않고 즐길 줄 아는 것을 말하는 것이 아닌가.

성적性的 유희遊戲는 지독히 감미롭고 아픈, 그래서 지독히 중독적인 것이어서 신神들도 초연할 수 없었다. 신들은 지극히 탐미적이며, 그들의 삶을 진정으로 사랑하고 아끼며 누렸던 존재들이었다. 그래서 사람들은 그들을 신이라 불렀을 것이다.

올림푸스 산에서 살았다는 신들의 왕 '제우스'는, 수단과 방법을 가리지 않고 탐욕적으로 여성을 취하였는데, 예쁜 여성이라면 신이나 인간이나 가리지 않았다. 마치 남새밭에 물을 주듯 그의 정자를 뿌리고 다녔다. 그러나 그는 엽색 행각을 반성하거나 후회한 적이 없었다. 그의 마누라 '헤라'가 심하게 투기했을 뿐이다.

이 성적 유혹이 얼마나 뿌리치기 힘든 유혹이었는가는, 저 풍요롭고 아름다우며 어쩌면 마음씨까지도 고와 보이는 '아프로디테'의 밀애 사건으로 보아도 알 수 있다. 그녀는 '제우스'와도 힘을 겨누는 강력한 신 '헤파이토스'를 남편으로 두고도 '아레스'와 바람을 피웠다. 그녀의 간통은 남편에게 현장을 들킬 때까지 계속되었다. 그러나 사람들은 '아프로디테'의 연애질은 별로 비난하지 않는다. 그녀는 여전히 우리를 안식으로 이끄는 영원히 아름다운 구원救援적 여신이다. 사람들은 그녀가 목욕만 하면 다시 숫처녀가 된다고 믿었는데, 그래야 영원한 연인이 될 수 있을 것이다. 자신을 기만하면서까지 믿고 싶은 대로 믿는 것이 인간이다.

　이처럼 신들도 위험을 감수하면서까지 따먹으려 한 욕망을, 인간이 어찌 초연할 수 있겠는가? 그러므로 이 수행자의 파계를 탓할 것이 못 된다.

　사람이나 신들이나, 아름다운 사랑의 감정이 포함된 성적 욕망은 비난하지 않았다. 모든 생명에게 주어진 축복의 일부라고 생각했다.

　사람은 주입된 정보에 지배된다. 그래서 주입된 정보대로 판단한다. 이 판단을 우리는 에고ego라 부른다.

　교단敎團은 추종 신도들에게 교리와 계를 주며 엄수할 것을 요구하고, 지키지 않으면 파문한다. 그래서 교단과 그 소속자들은 교단이 만든 진리眞理라는 도그마에서 빠져나오기가 매우 어렵다.

　금욕禁慾을 계로 만든 교단은, 당연히 이 수행자를 파문할 것이다. 그래야 교단은 자신을 보호할 수 있으며, 까다로운 수행처라는 명성을 유지할 수 있을 것이다.

　그러나 금욕을 우대하는 별난 사람들은 세상의 일부에 불과하며, 인지상정人之常情에도 어긋난다.

　평생 목불木佛을 사랑하는 것보다, 좋은 사람과 아옹다옹 치대며 사는 것이 좋으리라. 파계는 계율을 가진 사람들의 것이고 자연에는 파계할 계율이 없다.

아침나절의 이슬같이 덧없는 인생, 그래서 이 덧없음에 의미를 더하기 위하여, 재미나고 위로하기 위하여 생겨난 오욕칠정을 왜 온전히 누리지 못하게 하는가? 오욕칠정이 사라진 삶이 얼마나 따분할 것인지 상상해 보았는가?

오욕칠정을 배척해야 할 대상으로 지목하여 계를 만든 사람들은, 아마 그 달콤함에 지배당하여 포로가 될 것을 두려워하는 사람들일 것이다.

자연自然이 사람에게 오욕과 칠정을 주었고, 이는 사람들이 즐겁게 사용하라고 준 것이다. 그래서 잘 쓰다가 싫어지면 버리면 된다. 몸이 사라지면 어차피 전부 사라질 것들이다. 몸을 가지고 사는 동안 그것을 잘 가지고 놀되, 지배당하지 않으면 된다. 문제는 그것이 너무 달콤하고 유혹적인 것이어서, 지배당하기 쉽고 버리기 어렵다는 데 있다.

그러므로 진정한 수행이란 계를 지키는 것이 아니라, 오욕칠정을 잘 가지고 놀다가 잘 버리는 것, 내가 그 주인이 되는 연습을 하는 것이 아닐까?

물에 빠질 것을 염려하여 물놀이를 금하면, 물놀이의 즐거움은 없다. 이 수행자로 인하여 나는 이 유머가 매우 사실적이라는 사실을 알게 되었다.

한 여 보살이 시주하는 스님에게 물었다.
"스님은 혼자 사시면 여자 생각이 나지 않습니까?"
"한 달에 두 번 정도 여자 생각이 나기도 합디다."
"아하! 한 달에 두 번만요?"
"예! …그런데 한 번 생각이 나면 보통 보름씩 갑디다."

지옥도地獄圖

히말라야 기슭 샤카족의 한 젊은 수행자는, 어느 날 문득 인간과 우주의 근본을 통찰하여 눈뜬 성자聖子가 되었습니다.

이 수행자는 눈을 뜬 후, 그의 호화로운 궁전으로 돌아가지 않고, 걸식과 유랑으로 길 위에서 살았습니다.

45년의 긴 세월을 자기의 깨달음을 이야기하다 길 위에서 쓰러졌는데, 사인死因은 식중독이었습니다.

그는 그의 걸식과 유랑으로 보낸 일생을, 욕심과 번뇌를 여읜 청정한 삶이라 했으며, 온갖 비유로 세상 사람들이 마음으로 지어 괴로워하는 것들의 원인을 설명하고, 거기에서 벗어나는 길을 이야기하다, 어느 나무 아래에서 머리를 고향으로 두고 죽었습니다.

그의 생애에 대한 이야기는 2천5백여 년의 세월을 지나 오면서, 어떤 사람에게는 영감靈感을, 어떤 이에게는 의혹疑惑을, 어떤 이에게는 안식과 평정에의 열망을 불러일으켰으며, 어떤 이에게는 진정한 평정平靜과 안식을 가져다주었습니다.

그의 이야기는, 하늘같이 높은 설산雪山을 넘고, 불타는 지옥과 같은 타클라마칸 사막과 고비 사막, 그리고 광활한 중국 대륙을 건너, 수많은 강과 수많은 산과 수많은 인종의 말과 생각을 넘어, 드디어 첩첩 산으로 둘러싸인 내가 살던 산골까지 흘러왔고, 고향 강변의 낡은 절 벽면에도 그려졌습니다.

산으로 둘러싸인 고을의 작은 하늘만 보고 살았던 어머니는, 평생 그 낡은 벽면에 그려진 그 샤카족 성자의 그림을 보며, 인생과 우주를 사고思考하였습니다.

이미 2천5백여 년 전, 한 수행자가 길바닥을 헤매며 한 이야기가, 수천 년 세월과 숱한 사람들의 입을 통하여 산촌의 한 여인에게 전해지고, 그 여인은 그 사람의 이야기를 통하여, 자신의 삶과 사후死後, 그리고 우주를 사고하였다는 것은 참으로 기이한 인연의 일입니다.

그러한 어머니의 사고는 내게도 전달되었고, 나는 어머니가 그 낡은 절의 벽면에 그려진 그림으로부터 얻은 영감을 통하여, 내게 전달하려던 메시지를 지금도 가슴에 새기고 있습니다.

어머니가 색이 바랜 벽에 그려진 그림을 통하여 내게 전달하고자 하였던 메시지 중 하나는, 지옥도地獄圖와 연관된 선악善惡의 문제였습니다.

그 그림은 지옥의 모습을 그린 그림으로, 저승에 간 인생들이 겪는 갖가지 심판의 모습이 생생히 묘사되어 있었습니다.

혀가 잘리고, 머리와 몸통이 톱에 두 조각으로 잘리어 선혈이 낭자하고, 시퍼렇게 날 선 칼날이 꼽힌 칼산에 몸이 던져져, 산적처럼 몸이 꿰어어 피를 흘리며 신음하는 사람, 펄펄 끓는 가마솥에 던져져 몸부림치는 사람과 머리를 풀어헤치고 두 손이 뒤로 묶인 채, 그 광경을 바라보며 공포에 진저리를 치는 사람, 큰 뱀에 온몸이 감기어 비명을 지르는 모습, 절구통에서 쇠절구공이에 찢기어 피를 철철 흘리고 있는 사람, 목은 물 한 방울 넘어가지 않을 만큼 가늘고 배는 산만큼 부풀어 올라 굶주림과 끝없는 목마름에 헐떡이며 절규하는 사람들, 인간들을 시퍼렇게 날이 선 칼산 꼭대기로 던지며, 혹은 펄펄 끓는 가마솥에 던지며 희열에 찬 웃음을 짓는 마왕魔王들의 모습이 생생히 그려져 있었습니다.

공포에 질려 그 그림을 올려다보는 내게, 어머니는 조용히 이야기하였습니다.

"착하게 살지 못한 사람이 죽은 후에 가는 곳이다. 부디 착하게 살아야 한다."

나는 그곳이 사람이 죽어야 비로소 가는 곳이라는 말에 조금 안도했습니다.

나는 아직 어렸고, 나쁜 짓을 한 기억이 별로 없었으며, 내일부터는 정말 착하게 살면 저런 곳에 가지 않아도 된다는 생각이 들었기 때문이었습니다.

그때부터 나는 나의 행동 하나하나에는, 선악으로 평가되는 인과가 따라붙는다는 생각을 가지게 되었고, 나는 그 생각으로부터 자유로울 수 없었습니다.

내가 사춘기를 지날 무렵의 어느 여름이었습니다.

시골집 화장실에 앉은 내 앞에는, 큰 거미 한 마리가 항문으로 희고 가는 줄을 내뿜고, 뒷발로는 그 거미줄을 눌러 정교하게 집을 짓고 있었습니다.

그 작업은 너무 정교해서, 마치 솜씨 좋은 여인이 섬세한 수를 놓고 있는 것 같아, 나는 넋을 잃고 보았습니다.

꼭 내가 만들었던 잠자리채 같은 무늬의 집을 다 지은 거미는, 마치 적을 빠뜨릴 함정을 다 만든 군인처럼 어둠 속으로 들어가 잠복했습니다.

그때 화장실에는 잘 들어오지 않는 작은 메뚜기 한 마리가 뛰어 들어와 거미줄에 걸렸는데, 작은 메뚜기는 거미줄에서 벗어나기 위하여 필사적으로 몸부림을 쳤습니다.

거미줄이 끊어질 것처럼 출렁거렸으나, 메뚜기의 몸부림이 처절해질수록 거미줄은 더욱 강하게 메뚜기를 옭아매었습니다.

그때 큰 거미는 천천히, 작은 메뚜기의 처절한 몸부림을 즐기듯이 나타났는데, 그 검고 흉측한 모습에는 포식捕食을 즐기는 잔인한 난폭자의 여유가 배어 있었습니다.

나는 간만에 아주 쉽게 착한 일을 할 수 있는 기회를 발견하였으므로 매우 흥분되었습니다.

내 생각에 메뚜기를 그 거미줄에서 벗어나게 하는 것은, 한 생명을 살리는 매우 착한 일이었기 때문입니다.

그러나 메뚜기를 거미줄에서 떼어 내어 구출하려던 나는 잠시 멈칫했습니다.

내가 거미줄에 걸리는 모든 벌레들을 전부 떼어 낸다면 거미는 무엇을 먹고살까?

나는 갑자기, 내가 무엇을 선택해야 착한 일을 하게 되는 것인지 알 수 없게 되어 혼란에 빠졌습니다.

메뚜기를 떼어 내면 거미가 굶을 것이고, 그대로 두면 메뚜기는 죽을 것이므로, 어떻게 하는 것이 착한 일이 될지 알 수 없었습니다.

내가 어떠한 선택을 하더라도, 거미나 메뚜기 중 하나에 대하여 형

벌을 가하는 것이며, 그것은 또한 자연 질서에 선악의 심판을 가하는 일이었습니다.

고민하던 나는, 그 문제로부터 떠나는 것이 최상이라 생각하며, 메뚜기가 거미줄에 둘둘 말리는 것을 보고 화장실을 나왔습니다.

나는 처음으로 세상사의 양면성兩面性에 부딪친 것이었고, 선악이란 것이 각자의 입장이 만들어 낸 생각으로, 상대적인 것이라는 것을 알았습니다.

세상을 지배하는 것은 생존의 욕망이 만들어 낸 허망한 질서였습니다.

나는 지금도 어머니와 같이 다니던 그 절에 가면 어머니를 생각하며 그 지옥도를 올려다봅니다.

어머니와 같이 그 절에 다니던 때의 정경은, 평생 가슴에 간직된 정겨움으로 남아 있습니다.

어머니는 낡은 절에 그려진 그 지옥도를 보면서, 나중에 아들이 저지를지 모를 불미한 행위가 가져올 인과因果를 걱정했을 것입니다.

그래서 내게 인과의 매서운 힘을 알려 주려고, 나를 그 지옥도 아래 세웠을 것입니다.

그 어머니의 마음을 생각하면 지금도 눈이 아려 옵니다.

그러나 그 여름날에 내가 겪은 일은, 선악이란 것은 나의 생각과 판단일 뿐이며, 인과란 생각의 결과라는 이치를 가르쳐 주었습니다.

내가 지옥도를 보면서 공포에 떨었을 때, 메뚜기의 사투를 보며 괴로워할 때 나는 선악의 관념에 물들어 있었지만, 내가 메뚜기와 거미의 생존경쟁에서 떠나 무관하게 되었을 때, 나는 선악의 관념에서 초연할 수 있었습니다.

지옥도 천당도 전부 관념 속의 세상이었습니다.
어머니가 계셨다면 나는 이 말씀을 드리고 싶었습니다.
선의善意로 충분하니, 부디 인과를 염려하여 괴로워하시지 말라고 말입니다.

화엄華嚴살이

"나무관세음보살!"

선원禪院이 있는 숲속의 개울에서 울려 퍼지는 맑은 물소리의 환청幻聽에 젖은 나를 깨운 것은, 중후함에 경건함까지 묻어난 어떤 목소리였다.

내가 놀라 머리를 들었을 때, 내 앞에는 큰 바위 같은 덩치에 반백의 밤송이 가시 같은 머리털을 한, 먹물 옷을 점잖게 차려입은 스님 한 분이 머리를 깊이 숙인 채 합장을 하고 서 있었다.

소음이 그치지 않는 도시 한가운데, 그 빌딩 속 책상머리에 앉아, 창 너머 보이는 산의 변화에 세월을 세며, 산속의 정적을 그리워하는 내게는 싫지 않은 손님이었다.

그런데 그 모습이 하도 그윽하여, 대체 무슨 일로 대덕大德이 나를 찾아왔는가 의아한 생각이 들었다.

그의 턱없이 큰 덩치와 걸걸한 목소리 때문에, 나는 기가 눌려 있었다.
 그는 나의 의아해하는 눈길을 보고는 큰 소리로 말했다.
 "학! 하! 하! 나를 몰라 보시나 봅니다!"
 그는 내가 권하지도 않았는데 의자에 털썩 앉았고, 그를 따라온 젊은이는 나의 눈치를 살피고 있었다.
 그는 "나를 몰라 보시다니…. 아참! 내가 세월이 흐른 것은 생각을 못했네!"라며 가사의 소매를 걷어 올렸는데, 걷어 올린 소매 끝에 큼지막한 손이 나타났다.
 그렇게 거칠고 큰 손은 흔하지 않았으므로, 나는 그가 누군지를 단번에 기억했다.
 "아하! 깡패 대행!"
 대행은 사뭇 사내다운 풍모를 갖추었는데, 우선 큰 덩치에 배까지 툭 나오고, 목소리가 걸걸하며, 말에 걸림이 없이 제 하고 싶은 대로 쏟아 내는 사내였다.
 그리고 스스로 소위 말하는 정의파로서, 장소를 가리지 않고 그의 정의正義를 휘둘렀으므로, 시도 때도 없이 교도소를 들락거렸다.
 그를 본 지가 10여 년이 넘었고, 그의 까맣던 머리는 흰 머리카락이 더 많이 점령하였으며, 살집이 좋은 몸에 중년의 중후함까지 묻어나 그를 쉬 알아보지 못했던 것이었다.
 그와의 만남에는 긴 세월의 강이 있었으므로, 악수도 나누지 않고 그와 마주 앉는 것이 조금 서먹했는데, 그는 마치 어제 저녁에 소주 한잔하고 오늘 아침에 다시 만난 사람처럼, 정이 담뿍 담긴 목소리로 소리쳤다.
 "아! 얼굴 많이 좋아졌습니다. 학! 하! 하! 아! 그 누구더라! 헤스만 헷세! 그와 비슷합니다. 내가 국립선원을 여러 차례 다녀오는 동안 많이 변했습니다. 학! 하! 하!"
 헤르만 헤세와 국립선원이란 말에 나는 귀가 솔깃했다.
 비록 그가 이름을 조금 틀리게 말했지만, 그의 입에서 유명한 소설가 이름이 나오는 것은, 조금 전 그를 알아보았을 때보다 훨씬 더 큰 놀라움을 불러일으키는 일이었다.
 선원禪院은 내가 동경하는, 세속과 절연한 암자에서 마음 챙기는 공부하는 곳인데, 요즘은 거기서 문학 강의도 하나 보다는 생각이 들었다.
 그렇지 않다면 글하고는 인연이 없는 그가, 어떻게 헤르만 헤세의 얼굴까지 알아 나를 그와 닮았다고 한단 말인가.
 나는 십 년이 넘는 세월을 건너와, 젊은 시절의 험한 삶의 여정을 검은 머리털과 함께 절연絶緣해 버리고, 선원을 찾아다니며 오로지 수행에 열중하는 스님이 된 대행을 만난 것이었다.
 "그간 보이지 않아 궁금했는데 스님이 되었네요."
 "학! 하! 하! 국립선원을 오래 다니다 보니 이렇게 찾는 것이 늦었습니다."
 나는 세월이 그를 그렇게 바꾸어 놓을 줄은 꿈에도 몰랐으므로, 세상은 길게 살아 보아야 하고, 남의 삶에 대하여 자기 잣대로 판단할 것이 아니며, 짧고 긴 것은 맞추어 보아야 한다던, 어머니의 넋두리가 생각났다.
 "많이 바뀌었네요. 선원에서는 요즘 문학 수강도 합니까?"
 "세상과 내가 하나이니 내 생각이 바뀌면 세상도 당연히 바뀌지요. 어제까지 지옥이던 세상이 내 생각 하나에 천국으로 바뀝디다. 그런데 사람들은 세상과 나를 구분하여 유난을 떨지요. 내가 그런 안팎 분별하는 세상이 싫어 이렇게 머리를 시원하게 밀어 버렸지!"

그는 마치 큰스님처럼 말했다.

예전에 그는 걸핏하면 주먹을 흔들면서 "법은 권력과 돈 앞에 약해! 내가 그런 것 많이 보았거든. 그치만 내 주먹은 그런 것에 어림없지. 이 주먹이 훨씬 정의로워!"라며 호기를 부렸는데, 술을 마시고 엎어져 땅바닥을 기다가 생겼는지, 아니면 누구에게 얻어맞아 생긴 것인지, 얼굴에 상처를 달고 살던 그의 옛 모습이 새삼 떠올랐다.

그는 오로지 그 큰 덩치 하나 믿고 살아가는 날건달이었으므로, 내게는 참으로 격세지감隔世之感이 있었다.

"그래 분별없이 살아지든가요?"

"학! 하! 하! 분별없이 살려고 하지요. 인간이란 게 너 나 없이 먹고 싸다가 늙어 죽는 것인데, 생각 차이 하나 가지고 잘났네 못났네 차별을 짓고 하는 거 아닙니까?"

"선원禪院 생활 해 보니 세속과는 많이 다르지요?"

"문 선생은 아직도 그런 분별을 해요? 선원 생활이나 세상살이나 이게 다 이 세상 한집 살림인데 무슨 구별이 있겠어요. 그런데 사람들은 이 두 개를 비교하여 하나는 영 좋은 세상, 다른 하나는 영 나쁜 세상으로 분별한다 이 말입니다. 두더지가 사는 땅 밑은 나쁜 곳이고, 새들이 날아다니는 하늘은 좋은 곳이라고 할 수 있겠어요? 다 내 생각일 뿐이지, 원래 그런 것이 어디 있겠어요. 안 그래요? 학! 하! 하!"

땡초가 아닌 대덕을 만났다는 희열이 마구 솟구쳐 올랐다.

생각해 보면, 선원이든 저잣거리이든 다 사람들이 어울려 사는 한 울타리 세상이 아닌가! 어디는 성스럽고 어디는 속되다는 판단은 취향이나 가치관이 만들어 낸 분별에 불과한 것이 아닌가!

나는 왜 지금까지 그런 생각을 하지 못했을까?

"요즘은 어디에서 생활을 합니까? 시간 내서 한번 놀러 갈게요."

"학! 하! 하! 국립선원에 언제 들어갈지 알 수 없으니…. 내가 시간 한번 내어 보지요. 선禪하기는 국립선원이 가장 좋습니다. 나는 국립선원에 갈 때마다 깨달음이 큽니다. 이놈의 바깥세상이 얼마나 시끄럽습니까? 그런데 국립선원에서는 어느 한 놈 귀찮게 건드리는 놈이 없어요. 수행에 좋으라고 자극성 없는 음식까지 매일 적당량으로 챙겨 주지요. 그보다 더 좋은 수행처가 어디 있습니까? 헤아려 보니 이번이 총 17번째던데, 나는 국립선원에 갈 때마다 깨달음이 다릅니다. 학! 하! 하!"

나는 그제야, 그가 말하는 국립선원이 교도소인 것을 알아챘다. 얼굴에 상처 딱지를 달고 어깨를 흔들며 다닐 때나, 승복을 입었을 때나, 한결같이 감옥을 열심히 들락거린다는 사실과, 그러나 그는 그런 일에 별로 개의치 않는다는 사실을 알게 되었다.

나는 매일 번잡함을 만날 때마다 숲속 암자庵子를 동경하여, 이 도시의 번잡함에 사로잡혀 헤어나지 못하는 것이, 선원에서 마음 챙기는 수행을 하지 못한 탓이라고 생각해 왔으므로, 감옥이 더 좋은 선원이라는 그의 말에 얼른 동의할 수 없었다.

그러나 생각해 보면, 우주宇宙 대처大處가 전부 화엄 세계가 아니던가! 감옥 안이나 밖이나 다 같이 화엄 세상일 것이므로, 감옥 안의 삶이나 밖의 삶이나, 삶 자체로 본다면 어디 차별이 있겠는가? 그 어떤 삶인들 위대한 화엄살이가 아닌 삶이 있을까. 어떻게 살든, 삶 그 자체가 이미 하염없이 장엄한 생명놀음이 아닌가!

어쩌면 그의 거친 삶을 사색思索하기에는 산속의 선원보다 감옥이 더 좋았을지도 모른다.

본래 마음 챙기는 곳이 선원이고, 마음 챙기는 장소가 따로 있을 리 없다.

나는 내가 생활의 포로라고 느낄 때마다 숲속의 선원을 생각했다.

그러나 대행의 말을 들어 보니, 그것은 조용한 곳으로 도피하려는 핑계에 불과했다.

나는 숲속 선원에 대한 상념想念을 지우기로 했다. 마음 챙기는 그 자리가 바로 선원이 아닌가!

대행은 어쩌면 설법 같기도 하고, 어쩌면 개똥철학 같은 말을 한없이 풀어 놓고 일어섰다.

당위성當爲性을 판단할 자는 자기 외에는 있을 수 없다.

나는 떠나는 대행의 뒷모습에 허리를 깊이 숙이며, 마치 대행이 했던 것처럼 크게 소리쳤다.

"나무관세음보살!"

제기祭器

    10월, 어머니의 제사가 가까워 오면서 나는 드디어 놋쇠로 된 제기祭器 몇 개를 마련했다.
    잔, 향로, 촛대, 주전자와 퇴주 그릇.
    어머니가 살아 계실 때, 못내 그 잃어버림을 아쉬워하던 놋쇠잔과는 비교도 할 수 없이 조잡하게 여겨졌지만, 제기에 새겨진 무형문화재 유기장의 낙인烙印을 보고, 나는 안타까운 마음을 애써 달랬다.
    내가 눈이 열리던 날부터, 매년 한여름 할아버지의 기일忌日이면, 서슬 푸르던 집안 어른들이 흰 두루마기를 입고 나타나, 밤늦도록 긴 이야기를 나누었다. 이윽고 할아버지의 제사상에 음식들이 차려지면, 돌아가면서 그 잃어버린 놋쇠잔에 술을 부어 향에 그을어 제사상에 놓는 것을, 나는 졸음 눈으로 보아 왔다.
    세월은 그 어른들을 하늘로 데려갔고, 졸음 눈으로 제사를 지켜보던 나를 장년壯年으로 만들어 놓았다.

어느 때인가 스텐 그릇이 나오면서, 어머니는 제삿날이 다가올 때마다 가마니를 깔고, 기와를 부수어 그 많은 제기들을 닦는 것이 귀찮았던지 놋쇠 그릇들을 스텐으로 바꾸었다.

그러나 촛대와 놋쇠 받침대와 잔들은 대신할 것이 없었던지 그대로 살아남아 매년 제사상에 올랐고, 이전에 어른들이 두루마기를 입고 향에 그을던 잔을, 양복을 입은 내가 대신 그을었다.

늦은 밤, 대청에 차려진 제사상의 술잔을 향에 그을 때마다, 나는 뒤뜰 대밭에서 바람에 부서지는 댓잎 소리처럼 청량하던 그 어른들의 목소리를 낱낱이 기억했다.

6·25가 발발하여 피난이 시작되자, 집안의 달구지는 우선 의료기구가 있는 작은 집의 살림과 형들을 실어 피난처로 보냈다. 그러나 형들을 싣고 간 소달구지가 돌아오기도 전에, 인민군들이 시내를 덮쳐온다는 소문이 돌자, 어머니와 아버지는 살림들을 챙기지도 못하고, 제기만 땅속 깊이 묻어 두고 빈손으로 나를 업고 피난길을 나섰다.

피난 중 집과 살림들은 전부 폭격으로 잿더미가 되었다.

3년간의 피난 생활이 끝나고 돌아왔을 때, 집에 남은 것은 땅속 묻었던 제기와, 폭격을 맞아 반쪽으로 부서진 다듬잇돌과 잔칫날이면 떡을 치던 떡메돌뿐이었다.

어머니는 시끌벅적하던 집안의 여유가 담겨 있던 반쪽이 난 떡메돌로 치성대致誠臺를 만들었고, 불에 타 붉게 변한 다듬잇돌을 새로 지은 집의 대청에 올려놓았다.

지독한 전쟁의 시련은, 어머니의 장남에 대한 사랑을 시험했다.

장남의 징병徵兵을 두려워한 어머니는 전쟁 기간 내내, 논밭을 팔아서 장남의 징병을 대신할 사람을 샀다.

장남을 대신하여 징병을 나간 사람은 징병된 지 몇 달이 되지 않아 도망가고, 어머니는 다시 징병에 나갈 장정을 돈으로 샀으므로, 그때마다 논밭은 사라져 갔다. 징병으로 사라질지 모르는 장남의 목숨은 문전옥답과 바꾸어졌다.

둘째 아들이 입대하고 연락이 두절되자, 어머니의 장남에 대한 집착은 더욱 심해졌을 것이다.

전쟁이 끝나자, 둘째 아들이 돌아오고 장남은 살아남았으나, 살림은 떠나 버렸고, 떠나 버린 살림은 어머니의 생전에는 다시 돌아오지 않았다.

어머니는 할아버지의 제사상을 차릴 때마다, 그 많던 문전옥답을 잃어버린 서글픔과 죄스러움으로 울었다고 했다.

전란 중에, 살림을 그렇게 물거품처럼 떠나보내면서 어머니가 꿈꾼 것은 장남이 살아 있는 가족이었을 것이다.

장남은 무슨 일이 있더라도 살아남아, 집안의 기둥이 되어 제사를 이어 가고 집안을 보살펴야 한다는 생각에, 자기의 안락한 여생餘生과 가족의 유복한 삶을 보장할 전 재산을 아낌없이 버렸을 것이다.

아마 어머니는 할아버지로부터 물려받은 문전옥답을 하나하나 팔면서, 장남이 없는 안락한 여생과, 장남이 집을 지키는 가난한 여생을 몇 번이나 생각하며 번민煩悶했을 것이다.

어머니는 아버지의 염려에도 불구하고, 장남이 있는, 그러나 가난한 여생을 택했다.

그러나 장남이 결혼하며 분가하자, 어머니는 장남이 집을 지키게 하지 못한 부끄러운 세월을 보내야 했다. 어머니는, 손자가 보고 싶어 때로 분가한 아들의 집 근처를 서성거리는 아버지를 보고 긴 회한悔恨에 잠겼고, 처음으로 장남에 대한 분노가 싹 텄다.

어머니로부터 단 한 번도 나무람을 들어 본 적이 없는 장남은, 어머니의 분노를 상상할 수 없었을 것이다.

장남이 병으로 자리에 눕자, 어머니는 제발 아들이 자기를 앞서가게 하지만 말아 달라는 간절한 기도에 매달렸고, 장남의 병이 깊어 간다는 소식에 절망에 빠졌다. 그리고 장남을 가슴에서 지우기 시작했다.

전 재산을 버리기를 단 한 번도 주저하지 않으면서 아낀 장남을 마음에서 지운다는 것이, 늙은 노모에게 얼마나 모질고 힘든 일이었을까.

장남이 집으로 들어와 임종을 맞고 싶다는 전갈을 해 왔을 때, 어머니는 아들이 집에 드는 것을 거절했다. 그렇게 아끼던 장남이 앞서 가는 모습을 도저히 볼 수 없었을 것이다.

장남이 임종을 맞았다는 전갈에 어머니는 말을 잃은 사람처럼 조용히 문을 닫았다.

나는 슬픔을 그렇게 견디는 사람의 얼굴을 본 적이 없었다.

자식은 아무리 지워도 지워지지 않은 아픔인 것을 나는 지금에야 안다.

장남의 상여가 집 앞에 와서 마지막 인사를 고할 때, 매장지에서 지낼 제사에 사용할 제기를 달라고 하자, 어머니는 벽장에 깊이 보관하던 촛대와 놋쇠잔을 내어 주었다.

그 제기는 어머니가 여생 동안에 꼭 한 번만 더 그렇게 살아 보고 싶어 하며 그리워하던 시절의 기억이 묻어 있는, 할아버지의 손때가 묻은 유일한 물건이었고, 어머니가 한밤중에 피난을 떠나면서, 그 값진 물건들을 그냥 버려두고 땅속 깊이 묻었던 제기들 중 남은 것 전부였다.

어머니는 자식의 마지막 길에, 어머니가 그리워하던 시절의 집안 내력이 담긴, 그 제기를 놓아 주고 싶었을지도 모른다.

매장이 시작될 무렵 하늘이 까맣게 묻어 오면서, 평생 어머니에게 한이 되었던 장남이 흘리는 회한悔恨의 눈물처럼 비가 내리고 뇌성이 울었다.

아니면, 평생 장남을 연민하는 정에서 헤어나지 못하던 어머니의 통곡의 눈물이었을까?

상여꾼이 흩어지고 매장지를 정리하면서, 비로소 나는 매장지 제사에 사용하기 위하여 가져온 촛대와 잔 받침대, 그리고 잔들이 없어진 것을 알았다.

아무리 찾아도 없었다.

장남을 땅에 묻고, 제기를 잃어버리고 빈손으로 온 나를 보던 어머니의 눈빛을 나는 지금도 잊지 못한다.

나는 어머니가 생전에 상을 차리고, 그 서슬 푸르던 어른들이 향로에 잔을 그을던 대청에, 새로 마련한 제기로 상을 차리고, 새 잔에다 술을 부어 향에 그을었다.

그 옛날 졸음 눈으로 바라보던, 흰 두루마기를 입은 어른들과 제사상을 차리던 어머니가, 그 옛날처럼 대청마루에 앉아 있는 것 같았다.

뒤뜰 대밭에서는, 여전히 바람에 부서지는 댓잎 소리가 들리고, 그 소리는 저 먼저 간 어른들과 어머니의 생전의 음성처럼 청량하고 그윽했다.

아버지 말씀이

제법 많은 재산을 물려받았지만, 아버지의 말년에는 살아오던 집 하나에 논밭 몇 마지기, 산 하나만 달랑 남아 있었다.

원래 재산 늘리는 것을 부끄러움으로 아는 태생적 샌님이었던 탓인지, 재물을 탐하지 말라는 공자의 군자론君子論에 자못 심취해서였는지, 아니면 재산 같은 것에는 아예 관심이 없는 고귀한 인품 때문이었는지 등, 그 연유에 대하여 여러 가지로 숙고해 보았으나 해답을 쉽게 찾을 수 없었다.

생각해 보니 아버지께서 평생에 하신 일은, 제사 지내는 일과 체면 치레하는 것 외에는 별로 없었다. 아버지께서 나이 어린 내게 가끔 하신 말씀이 심오하기 짝이 없었는데, "돈은 더러운 것이니라!" 였다.

땅을 사기당하여, 장남이 소송을 해서라도 되찾겠다고 하자, 아버지는 "그것 주고 말아라! 더 큰 것도 버렸다. 너희만 건강하면 됐다." 하시며 한사코 소송을 말렸다.

어린 내가 생각해도, 돈은 과자도 살 수 있고 뽑기도 할 수 있는 참 좋은 것이었는데, 아버지 말씀은 내 어린 경험과도 배치되는, 도저히 이해될 수 없는 "돈은 더러운 것이니라." 였으니, 그 심오함을 헤아리기 어려웠던 나는 별로 아버지를 존경하지 않았다.

아버지는 손님이 오면, 대청에 술상을 보아 놓고 술이 거나해지면 술상을 두드리며 하시는 소리가 있었는데, "백구야! 훨훨 날지를 말아라…."라는 것이었다. 아버지 외에는 그 누구로부터도 들어 본 적이 없는, 지금까지도 그 유래를 알 수 없는 그 소리를, 나는 푸른 강물 위를 유유히 날으는 한 마리 학을 상상하며 들었다. 말하자면 아버지는 그런 풍류를 동경하신 분이었다.

그런데 나는 결코 그런 아버지를 존경하지 않았음에도 불구하고, 돈은 더러운 것이므로 이를 추구하면 사람이 아주 치사해지는 것으로 알았다. 그래서 어릴 때부터 제대로 알지도 못하면서 돈 버는 직업을 멀리하여, 꿈도 '철학자', '화가' 였다.

그런데 내가 13살 정도 되었을 때 충격적인 말씀을 들었다. 그때 나도 비로소 작은아버지의 생일날 식사에 초대받게 되었는데, 당시 작은아버지께서는 당신의 생일날에 아들과 조카들을 밥상에 앉혀 놓고 인생 강의를 하셨다.

작은아버지께서는 매우 단호한 분이어서 여러 가지로 아버지와는 대조되었는데, 그날의 식사 강의를 요약하면 "남자의 멋은 돈과 권력이다. 남자는 그런 것을 추구해야 한다."라는 것이었다. 당시 장발이 유행하여 남자들이 머리를 치렁거리며 멋이라고 내는 것을, 작은아버지께서는 몹시 못마땅해하셨다.

처음에 이 강의를 들었을 때, 나는 나의 귀를 의심하고, 놀라서 숟가락을 놓을 뻔했는데, 내가 평소 들어온 아버지의 말씀과는 너무 달랐기 때문이었다.

"더러운 돈을 저렇게 노골적으로 좋아하시다니!"

그러나 이 작은아버지의 가르침은, 나의 경험과 많은 부분이 합치하였으므로, 작은아버지의 말씀으로 인하여 나는 금전 혐오증에서 벗어날 수 있었다. 아버지의 말씀과 작은아버지의 말씀 둘 다 참고한 나는, '돈은 더럽지만 정말 필요한 것이다' 라는, 하나마나한 정의定義를 내렸다.

내 기억에, 작은아버지께서는 늘 병원 진료실 앞 응접실 큰 소파에 앉아 계시는 모습으로, 아버지는 하루종일 집을 지키다 뒷짐을 쥐고는 신작로나 들로 산보하시다 돌아오는 모습으로 남아 있다.

두 분 다 하늘로 돌아가셨는데, 과연 어느 분이 잘 살다 가신 것인지는 알 수 없다. 분명한 것은 두 분 다 자기가 좋아하는 삶을 살다 가셨을 것이라는 것이다.

돈에 대한 애매한 나의 관념은, 나를 참으로 어정쩡한 인간으로 만들었는데, 아마 나는, 상반되는 아버지의 말씀과 작은아버지의 말씀을 내 편리한 대로 적용했을 것이다.

도시로 와서 집을 장만할 때도, 앞으로 환가換價 가치가 높은 집으로 할 것인가, 아니면 거주에 편리한 집으로 할 것인가를 두고 고민했는데, 결국에는 거주의 편리를 택했다.

내가 작은 정원 같은 것이 딸린 다세대 주택을 발견하고 사려고 하자, 부동산 소개소를 하는 지인은 "빌라는 사는 즉시 30% 손해를 본다. 아파트를 사라."라며 적극 말렸다. 그러나 나는 빌라를 매수했는데, 그 결단의 내면에는 아마 '나는 내가 거주할 집을 돈 버는 수단으로 삼을 만큼 치사하지 않다.' 라는, 아버지가 심어 준, 일종의 객기 같은 돈의 철학이 작용했을 것이다.

살아오면서 나는 자주 돈에 궁핍을 겪었고, 그 때문에 고생도 했지만, 돈이 없는 것을 별로 부끄럽게 생각한 적이 없었다. 아마 아버지가 내게 심어 준 그 "돈은 더러운 것이니라!"라는 말씀의 힘이었을 것이다.

더러운 것을 많이 가지지 못하였다 하여 부끄러워할 것이 없지 않은가!

나는 이악스럽게 돈을 추구하지 않는 대신, 돈에 우선 목표를 두고 사는 사람들을 경멸했는데, 일찍 철이 든 사람들은 이런 나를 보고 얼마나 조소嘲笑했을까!

직장 생활을 하면서, 나는 내가 노동을 팔아 생존을 연명하는 월급쟁이라는 자기 정의定義—아! 얼마나 비참한 자기 정의인가!—를 하며 부富에 대하여 도덕적, 이념적 잣대로 비판했는데, 나의 이런 인식을 좌파적 사회과학자가 알았다면, 내가 계급적 질서에 눈뜬 투사라며 계급 투쟁을 부추겼을 것이다.

이런 인식이 생산하는 이론이 '분배 정의'니 '퇴폐 자본주의'니 하는 상투적 이론들인데, 나는 한동안 이런 것들을 즐겼다. 아마 아버지의 "돈은 더러운 것이니라."라는 말씀과 얼핏 근접할 수 있는 이론이어서 동조가 쉬웠을 것이다.

그러나 이 사회체제가 생산한 경제적 과실을 따 먹으며 좋은 교육을 받고, 그 덕분에 높은 소득으로 살아가는 유한족有閑族들이, 그들에게 안정되고 품위 있는 생활을 보장하는 체제를 퇴폐 자본주의라고 저주하고, 근육으로 고달프게 살아가는 사람들을 계급 투쟁 이론으로 무장한 투사로 만들어, 정치적 힘으로 이용하는 것을 보고 회의에 빠질 수밖에 없었다.

그들이 기꺼이 향유하는, 그들에게 고급 승용차를 살 수 있는 돈을 벌게 해 주고, 그들이 아침저녁으로 편하게 다닐 수 있도록 아스팔트를 깔아 주고, 나이가 들면 연금을 다달이 챙겨 주는 체제도, 그들이 경멸하며 저주를 퍼붓는 퇴폐 자본주의 체제 사회이므로, 그들의 이런 투쟁은 매우 위선적이고 이율배반적二律背反的이다.

사회를 그런 식으로 비난하려면, 이 사회가 그들에게 높은 돈벌이와 사회적 지위를 제공하는 이유인, 그들의 학벌 등 지적知的 자본까지도 버려야 한다. 그렇지 않다면 그들은 지적知的 유희遊戲에 빠져 있는 것이다.

"세상에! 지들은 입만 놀리며 쉽게 돈을 벌어 캐비어 파티를 하면서 가진 자들의 탐욕을 욕하다니!"

세상에 품위 있는 체제體制가 어디 있는가? 이곳 지구는 범부제이고 우리는 욕망을 탐하여 이곳으로 들어와 산다.

그런데 논리가 이렇게 흐르다 보니, 평생 노동하지 않고 살아 내면서 '돈은 더럽다' 라고 하신 아버지의 심오한 철학이 문제가 되었다.

그렇다면 아버지는 캐비어 좌파였던가?

그래서 나는 아버지의 돈에 대한 관념을 점검했는데, 대략 세 가지 측면으로 정리해 보았다.

하나는 아버지 생각이 과연 저 위선적 캐비어들의 생각과 상통하는 것이었는지, 다른 하나는 공자孔子처럼 아무리 노력해도 큰 벼슬도 못하고 돈도 못 벌자, 마치 포도밭 여우가 포도가 너무 높이 매달려 있어 따 먹을 수 없자 '저 포도는 시다' 라며 돌아선 것처럼, '돈은 더럽다' 라고 한 것이었는지, 혹은 아버지는 돈을 추구하지 않아도 이미 마음은 부자였기 때문에, 돈에 대한 갈증이 아예 없었기 때문이었는지 하는 것이었다.

생각해 보면, 아버지는 담백한 분이어서 옛 어른의 말씀을 팔거나,

책 몇 권 읽고 도취되어 세상사 다 아는 것처럼 개혁 운운하면서 떠든 적이 없었다. 부자를 비방하지도 않았고, 자신은 돈을 동경하지 않으면서도, 부자인 동생을 매우 자랑스럽게 생각하였으므로, 사회적 풍요를 누리면서 부자들을 비난하는 소위 '캐비어 좌파'라 할 수 없었다.

결국 '돈 버는 재주 없음'과 '마음이 부자'인데, 나는 이 두 가지 다일 것이라고 생각했다.

청백淸白을 으뜸의 가치로 삼았던 옛 선비들의 삶을 돌아보면, 그것이 품위 있게 자기의 경제적 무능을 가장하는 수단이었다 하더라도 비난할 일은 아니었다. 적어도 남에게 피해는 주지 않았으니까!

자식들만 건강하면, 재산 같은 것은 날아가도 아무런 문제가 없다고 생각한 아버지의 마음은, 정말 부자였을 것이다.

그런데 아직 농업 사회였던 그때를 사셨던 아버지께서, 돈이 전부가 된 산업 사회로 천지개벽한 지금에 살았어도, 과연 어린 내게 "돈은 더러운 것이니라."라고 말씀하실 수 있었을까?

모든 것은 변하기 마련이고, 삶이 추구하는 가치 역시 바뀌므로, 나는 내 아이들에게는 바뀐 현실의 가치를 이야기해야 할 것이다.

그렇지만 나는, 돈의 필요가 절실하지만 차마 아이들에게 "돈은 좋은 것이니라."라고 말하기 어렵다. 아마 내가 동의하지 않았음에도 불구하고, 아버지의 말씀이 내 마음에 살아 있기 때문일 것이다.

검둥이 이상

　온몸이 새까맣게 반들반들해서, 흰 것이라고는 웃을 때 드러나는 이빨과 어질게 생긴 큰 눈밖에 없었다. 성이 이씨였으므로 사람들은 이 아저씨를 '검둥이 이상'이라고 불렀다. 그때는 남자의 성씨 뒤에 일본식으로 '상'이란 호칭을 붙이는 습관이 남아 있었다.
　삭아 가는 낡은 양철을 긁는 듯한 낮고 쉰 목소리로, 여름 내내 땀에 얼룩이 진 누런 러닝셔츠를 입고 다녔다. 남의 집 일을 하며 호구糊口하였으므로, 읍내의 모든 궂은 일터에는 검둥이 이상 아저씨가 있었다.
　우리 집 우물을 칠 때도 아저씨가 있었는데, 그 깊고 어두운 우물 속을 두레박을 타고 내려가는 모험도 감행했다. 그때 우물 벽을 쌓아 올린 돌에서 흘러내리는 물방울이 우물 바닥으로 떨어지며 내던, 그 아득하고 투명한 소리를 지금도 기억한다. 아저씨는 우리 집 타작 일에도 빠지지 않았다.

아저씨의 집은 언덕에 있는 내 친구의 집 바로 이웃에 있는 초가였는데, 집과 마당이 하도 작아, 어린 내가 "저렇게 작은 집에 어른들 몇이서 어떻게 사나?" 하고 걱정할 정도였다.

그러나 아저씨는 항상 웃고 다녔고 유머가 있었다. 하도 새까매서 아이들이 무서워 가까이하기를 꺼리면, 아저씨는 짐승 흉내로 "어흥!" 거리며 아이들을 쫓아다니며 웃기기도 했다.

그때는 모두가 가난했으므로 가난을 특별하게 비관하는 사람이 없었고 가난을 부끄러워하지도 않았다. 그런데 아저씨에게는 특별히 가난을 대수롭지 않게 여길 이유가 하나 있었다.

아저씨에게는 공부 잘하는 장남이 있었다. 아버지를 닮아 검기로는 까마귀가 울고 갈 지경이었지만, 영민하고 생각이 깊어 어린 내가 보아도 매사 어른스러웠다. 공부라면 십 리를 도망가는 나 같은 아이들은, 이 깜상 형이 공부라면 귀신같이 잘한다는 소문에 아예 기가 죽어 쩔쩔맸다.

아저씨는 그 찌든 생활 중에서도 그 잘난 아들을 보며 매일매일 위로받았을 것이다. 나는 공부 잘한다고 소문이 났던 이 형의 얼굴을 지금도 기억한다.

어느 겨울쯤이었을 것이다. 어머니는 조심스럽게 아버지께 물으셨다.

"검둥이 이상이 박상 방앗간 담을 넘다가 잡혔다는데, 법 없이도 살 양반이 대체 무슨 일인가요?"

어머니는 궂은 집안일을 마다않고 해 준 검둥이 아저씨가 걱정되어 물었다. 아버지의 말씀은 대강 이랬다.

"아들이 고려대학교 법대에 합격했는데 입학금을 마련 못해 애를 태우다가 방앗간 담을 넘었단다. 한밤에 방앗간에 들어가 쌀가마니를 담장 밖으로 던지다가 누군가에게 들킨 모양이더라."

"아이고, 얼마나 딱했으면! 누구한테 잡혔다 합디까?"

어머니는 잡은 사람이 원망스러운 듯 물으셨다.

"모르지…."

아버지는 아마 알고 계셨을 것이다.

다음 날 신작로에서 동네 형들을 만났을 때, 형들은 이미 이 소문의 진상을 자세히 알고 있었다. 그중 한 형이 우리를 방앗간 옆 골목길로 데려가 함석문이 있는 담장을 가리켰다. 함석문 위에는 녹슨 철조망 한 가닥이 걸쳐져 있었다.

"검둥이 이상이 이 문을 넘어 들어가 쌀가마니를 밖으로 던지다가 잡혔단다. 통행 금지 시간이 훨씬 넘었을 때라 카드라. 도둑질하다가 잡힌 거 맞제?"

쉰 소리로 껄껄 웃는 아저씨의 얼굴이 떠오르고, 그 공부 잘하는 깜상 형의 얼굴도 떠올랐다. 그리고 아저씨와 그 형이 부끄러워 사람을 외면하는 모습이 떠올랐다. 나는 그 얼굴들을 어떻게 볼 수 있을까 걱정이 되어 혼자 고민하다가 한 방법을 생각해 냈다.

"이제 아저씨나 깜상 형을 보면 도망쳐야지!"

아직 어렸던 나는 그것이 유일하게 잘하는 방법이라고 생각했을 것이다.

이 사건을 해결하기 위하여 아버지가 대서방을 하는 육촌형님에게 도움을 청하고, 사람들이 검둥이 이상을 도와야 한다는 말이 있었던 것은 어렴풋이 기억나지만, 구체적으로 어떻게 처리되었는지는 모른다. 그런 일을 구체적으로 이해하고 기억하기에는 나는 너무 어렸다.

그런데 그 후 나는 그들을 피해 도망간 기억이 전혀 없다. 이는 그 후에 내가 그들을 단 한 번도 만난 적이 없었다는 사실을 말해 준다.

검둥이 아저씨도, 그 아들 깜상 형도 다시 본 기억이 없다.

아마 검둥이 이상 아저씨가 이 사건의 발생 후 가족들을 데리고 고향을 떠났기 때문일 것이라고 지금에야 추측한다. 아마 아저씨는 더 이상 고향에서는 얼굴을 들고 살 수 없다고 생각했을 것이다.

어쩌면 자신보다는 아들의 체면을 먼저 생각했을 것이다. 그때 사람들은 모두 양심을 두려워하고 가족의 체면을 중시했다. 가난하든 부유하든….

팔자에는 없는 일인데도, 나는 성인이 되어 37년간을 법률사무소에서 일하며 호구했다. 매일 법전을 뒤지고 판례를 찾고, 소장과 준비 서면 그리고 항소이유서를 쓰면서, 나는 죄와 벌을 생각해야만 했다.

내 아이가 대학 입학을 하면서 등록금 이야기가 나왔을 때, 나는 처음으로 저 수십여 년의 세월 저편에 있었던, 깜깜하게 잊고 있었던 검둥이 이상의 이 사건을 구체적으로 생각해 냈다.

그때 나는, 내가 그때의 아저씨처럼 아들의 입학금을 내지 못할 만큼 절박하다면, 아들의 등록금을 만들기 위해 남의 집 담장을 넘을 수 있을까 하는 생각을 했다.

그러나 아무리 생각해도 그럴 자신이 없었다. 생각만 해도 두려움이 몰려와 그럴 용기조차 나지 않았다.

그제야 나는 아저씨가 그 일을 하려고 마음먹었을 때, 얼마나 많은 망설임과 얼마나 큰 두려움과 싸우면서 괴로워하였을까 하는 생각이 들었다.

아저씨는 가난 중에도 착하고 장하게 자란 아들을 보며, 입학을 즐거워하는 아들의 모습을 상상하며, 아들의 빛나는 장래를 생각하고 또 생각하며, 그 두려움을 떨치려 이를 악물었을 것이다.

그래서 돌아가신 아저씨의 부모님께, 담을 넘어서라도 해야 할 일인지에 대하여 묻고 물었을 것이다. 그리고 아저씨가 하고자 하는 행위에 정당성을 부여할 말과 또 아저씨 자신의 양심에 대하여 참으로 많은 변명을 늘어놓아야 했을 것이다.

아저씨는 긴 시간을 고민하다가 마침내 그에 맞는 대답과 변명을 만들어, 이를 악물고 두려움을 떨쳐 가며 담장을 넘었을 것이다.

생각해 보니, 아저씨가 깜상 형을 대학에 보낼 때쯤의 나이는, 내가 아들을 대학 보낼 때의 나이보다 훨씬 적을 때였다. 그 나이에 얼마나 큰 공포와 싸워야 했을까? 그런 생각이 들자 눈물이 났다.

사회가 어떤 잣대로 단죄를 하고 비난을 하든, 아저씨는 아버지로서 최소한의 의무라도 하려 했던 것이고, 이는 깊은 부정父情에서 비롯되었을 것이다.

누가 이 아저씨를 도둑이라 가볍게 비난할 수 있을까?

다행인지 나는 아들의 대학 등록금을 걱정할 만큼은 가난하지 않아 아저씨와 같은 시험에는 들지 않았다.

종교적 죄악은 율법律法으로 인하여 생기므로 율법이 없으면 죄악은 없다. 사회적 죄는 형법刑法으로 인하여 생기므로 형법이 죄를 정하지 않으면 죄는 없다. 형법은 사람들의 합의로 만들어지므로, 사람들이 입을 모아 죄로 정하면 죄가 되고, 죄로 정하지 않으면 죄가 아니다. 죄는 이처럼 법이 만든 것이므로 절대성이 없다.

그래서 원래 죄는 없다.

나는 이 사건에서, 너무 뜨거워 나는 다가가 가까이할 수조차 없는 아버지의 사랑과 그 눈물만 느낄 수 있었을 뿐 죄는 알 수 없었다.

누가 이 아저씨의 가슴에 주홍글씨를 달 수 있을까?

아저씨는 이미 영원한 고향으로 돌아가셨을 것이다. 아마 하늘도 아저씨를 단죄하기보다는, 연민이 가득한 눈으로 그의 영혼을 바라보았을 것이다.

진인眞人을 기다리며

　한울님!
　한울님은 늘 앉으시기를, 거룩하고 높은 곳이 아닌, 저 높은 인왕산 밑 그중에서도 천하길지가 아닌, 낮는 개울가 폐수가 흐르는 곳, 온갖 잡동사니들의 탐욕이 우글거리는 시정을 향하여 늘 낮게 임하여 앉아 계시니, 이 낮은 생령이 감히 여쭙니다.
　한울님!
　그 옛날부터 오늘까지 아국운수我國運數를 보전한 사람들이 높고 잘난 자들이 아니고, 하루하루 생계를 걱정하던 백성들이라, 아국의 주인은 구정물 같은 민초들이 분명합니다.
　하루하루를 급급히 살다 보니 생각이 저급하여 상스럽기 그지없고, 그래서 마냥 무교양으로 살다 보니, 속임 당하기가 일상이요, 짓밟히고 빼앗기기 일쑤라, 한限이 산 같았습니다.
　그리하여 우러러볼 분이 한울님뿐이라, 험한 세상 구해 줄 진인眞

人을 보내 달라 보채기만 했습니다.

 그래서 한울님은 가끔 가뭄에 콩 나듯이 이인異人도 보내고 진인도 출세出世토록 했습니다.

 그러나 백성들의 복이 옅은지, 지은 업이 두터운지 출세한 진인들이 전부 실패의 죽음으로 세상을 떠나, 백성을 한없이 우울하게 만들었습니다.

 그러나 자기 안일과 목숨을 백성의 꿈과 바꾸는 것이 진인이 할 일!

 그 옛날, 임금은 주지육림에서 노닐고, 관속官屬은 이속吏屬을 빼앗고, 이속을 백성을 수탈하여 민초들이 그야말로 굶기를 밥 먹듯이 하던 시절에, 그러면서도 나라에는 충성밖에 몰라, 때가 되면 길쌈하여 세금을 내고, 전쟁이 나면 팔 걷고 달려나가 피 흘리며 죽었습니다.

 마침, 아국에 전란이 일어 관리들은 놀라 혼비백산 내빼고, 백성들이 처참하게 절단이 날 때, 한울님이 백성의 눈물을 보고 진인을 보냈습니다.

 어느 골짝, 한 과부가 다리에는 비늘이 있고 겨드랑이에는 날개가 달린 사내를 낳았더라, 이 소문이 나매 백성들은 이인異人이 났다 수군거리고, 임금은 시절이 수상타며 대경실색 찾아 죽이라고 명했습니다. 아이가 산중에 숨어 살며 기운을 기르고 천운天運을 기다렸는데, 몸은 팔 척이고 삼천 근 솥을 한 손에 능히 들었으나, 스스로 몸을 낮추어 대인의 풍모가 역연했습니다.

 전란이 나라를 덮치매, 아이가 장수가 되어 한달음에 내달아 적을 물리치고 백성을 구하니, 정 도령 출세라며 백성들은 환호했으나, 아국의 왕은 장수를 역모로 몰아 죽이기로 했습니다.

 그러나 진인은 스스로 죽지 않으면 죽을 수 없는 것, 칼로 목을 베어도 죽지 않자, 한 관원이 그 억울함을 알고 목에 만고충신萬古忠臣이라는 현판을 걸어 주자, 그때야 비로소 몸에 난 비늘을 떼고 스스로 죽었답니다.

　진인은 백성의 꿈이라, 백성의 꿈과 눈물이 있는 한 불사조입니다.

　예전에는 여자의 개가改嫁가 금지되었으니, 과부들의 한이 얼마나 하늘에 사무쳤겠습니까! 양반들이 외도하여 난 자식들은 반 상놈이 되었으니, 서자들의 한 또한 오죽하였겠습니까. 또한 반상班常이 혈통으로 세습되니 똑똑한 놈 어디 배알이 꼴려서 살았겠습니까.

　장사치가 돈으로 산 양반도 양반인지라, 아국 백성의 반 이상이 양반이 되어 그야말로 양반이 우수마발이었습니다.

　이런 지경에, 양이洋夷들이 군함을 들이대고 문 열라고 겁박하고, 서학西學이 들어와 서양신西洋神이 우수해서 믿기만 하면 곧장 천당 간다고 소문을 냈습니다. 과부는 마땅히 개가해야 하고, 사람은 전부 하나님의 아들이니, 반상이나 서자가 있을 수 없다고 부추기고 다녔을 것이 불문가지이니, 아국 민초들은 까만 새벽에 홍두깨로 얻어맞는 것처럼 정신이 번쩍 들었을 것입니다.

　거기다 노비奴婢들도 깨어나 신분 사회가 동요하니, 아국의 왕은 양이를 거지 쌍놈이라고 욕을 하며, 아예 발도 들이지 못하게 하니, 아국은 세상의 외톨이가 되고, 백성은 고도孤島의 난민難民이 되어 민생이 참으로 흉흉했습니다.

　그때, 낮은 곳에 임하시는 한울님께서, 아국운수 보전을 위해 진인을 보냈는데, 경주 땅 '수운'도 그중 하나였습니다.

　이 사람이 태어날 때 귀미산이 세 번 울었고, 세상을 흘겨보는 역적 눈을 가졌는데, 척박한 세상을 떠돌다가 조선 생령生靈들이 내뱉은 신음을 듣고 문득 깨친 바 있었으니 '세상 사람 모두 한울님'이었습니다.

천생이 서자이고 흘겨보는 눈을 가졌으니 역적이 되지 않을 수 없었던지, 세상의 개벽開闢을 부르짖고 검결을 부르면서 칼춤을 추었습니다.

상놈도 한울님이라는 말과, 개벽할 도수度數가 왔다는 말은, 세상이 뒤집어진다는 말이니 양반들이 그 입을 그만둘 리가 있겠습니까? 혹세무민의 죄를 물어 목을 쳐서 죽였는데, 불쌍한 민초들은 불사不死의 진인을 염원하여, "선생의 목을 잘라도 잘라도 잘리지 않아, 관원이 무릎을 꿇고 '사사로운 일이 아니니 제발 죽어 달라' 라고 빌자, 그때야 청수 한 그릇 마시고 스스로 죽었다."라고 소문을 냈습니다. 그래서 진인은 신화神話가 되었습니다.

무능한 왕은 국권을 팔아 개인의 영달을 도모하고, 백성은 왜놈이라 깔보던 이웃의 신민臣民이 되니, 한울님은 아국 백성의 신음을 듣고 진인들을 보냈습니다.

아국이 독립의 힘이 없어 조상이 물려준 이름조차 부르지 못할 때, 미군을 보내 국권을 찾게 하니, 한울님의 보살핌이 없었다 하기 어렵습니다.

그러나 아국의 백성들은, 미군을 불러와 신분의 차별이 없는 자유대한민국을 만든 이를 역적으로 몰아 내쫓았고, 가난한 아국을 세계적인 산업국가로 만든 군인은 총 맞아 죽었습니다.

이들은 무슨 업보로 그리되었으며, 아국의 운수는 어디에 있습니까?

한울님!

항상 낮은 곳에 임하시기를 좋아하시니 요즘 시정사를 불 보시듯 하실 것입니다. 세상 도수가 변하여 계룡산 바위가 희게 변하였고,

사람마다 한을 털어 버렸습니다.

　개벽의 때가 이르러, 이제는 과부도 마음대로 개가하고, 반상도 없고, 아이도 사람 대접을 과하게 받고, 부덕婦德을 들먹이면 뺨을 맞는 세상이 되었습니다.

　이런 아국의 운수는 필경 먼저 간 민초들의 고통으로 한이 다한 탓일 것입니다. 그런데 요즘 아국운수의 진원을 모르는 사람들이 많습니다.

　한울님께서 아시다시피, 아국의 백성은 누대로 굶주리고 헐벗고 산 것이 한이 되어, 남의 나라 전쟁터에 나가 피와 목숨을 팔고, 이국의 깊은 땅속에서 석탄을 캐고, 남의 나라 사람 피고름을 받아 내고, 이국의 거친 바다를 떠돌며 고기를 잡고, 사막 한가운데서 모래를 파며, 세계적인 경제대국을 만들었다고 자부했습니다. 그런데 그렇게 만들어진 아국이 태어나지 말아야 할 '식민지 헬조선'이라 비웃음을 당했습니다.

　대체 아국의 백성에 무슨 잘못이 있었습니까?

　자신의 포부를 스스로 선택하는 것이 자유이고, 그 포부에 도전할 수 있는 기회를 공정하게 부여받는 것이 유일한 평등일 텐데, 신분제가 사라진 작금의 아국 백성에게, 새삼스레 무슨 새로운 평등이 필요할까요?

　한울님!

　예언자들이 아국에 통일 운수 열렸다고 야단입니다. 세상에서 아국이 유일하게 반쪽으로 쪼개져 서로 도리깨 눈을 하고 있습니다.

　북쪽은 3대를 세습하며, 핵폭탄을 만들어 여차하면 아국 수도를 불바다로 만들겠다고 협박을 하고, 아국 위정자들은 전기 생산시설인

핵발전소도 없애겠다고 야단입니다.

　한민족의 평화적 공존을 부르짖는 아국 정치권의 역설과 현실의 괴리乖離에 민초들은 몹시 혼란스럽습니다.

　아국의 모순은 무엇일까요?

　전체주의적 가치를 추구하는 정치 권력 집단과 개인의 자유와 공정 경쟁의 보편적 가치를 추구하는 집단 간의 대립일까요?

　신자유주의를 표방한 국제 거대 자본과 국가 자본 간의 대립일까요?

　동성애 합법화나 계층 파괴를 진보적 가치라고 주장하는 집단과 성性의 정체성과 자유와 경쟁 등 전통적 가치를 추구하는 집단 간의 대립일까요?

　아니면 자기 관념만이 가장 정의롭다는 아집에 빠질 수밖에 없는, 자기 경험의 세계에서 벗어날 수 없는, 사람이란 종족種族이 가지는 숙명일까요?

　한울님!

　회귀回歸하는 운수 따라 통일 운수 열어 주시고, 부디 진인을 보내시어 아국운수 보전케 하소서.

제3부

GJ에게

신神에 대한 단상斷想

　서른세 살의 청년이 십자가 형틀에 처형되었다.
　그는 유대 갈릴리 어촌의 목수 아들 '예수아 벤 조셉'이었고, 유대 민중들의 고발로 유대의 총독 빌라도 앞에 끌려갔다. 재판장이 된 빌라도는 실정법實定法으로 죄가 없는 이 청년을 살리기 위해, 관습에 따라 유대 민중들에게 살인범 '바라바'와 '예수' 중 살려 줄 한 사람을 택하라고 했다. 유대인들은 '바라바'를 살리라고 소리 질렀다. '빌라도'는 청년을 넘겨 주고 손을 씻어 판결에 대한 책임을 회피했다. 형 집행자들은 이 청년을 십자가 형틀에 매달아, 창으로 가슴을 찔러 피를 땅에 쏟게 하여 말려 죽였다. 그는 비명을 지르며 참혹하게 죽었다.
　유대인의 장로長老들이 유대 민중과 '빌라도'의 손을 빌어서 한 행위였다. 청년은 그렇게 죽어 자기를 세상에 알렸고, 지금까지 예배를 받고 있다. 그가 예배를 받는 이유는, 그의 죽음이 사람들의 죄를 대속代贖하는 희생양犧牲羊으로서의 죽음으로 해석되기 때문이다.

내게는 떠나지 않는 의문이 있었다. 유대교 장로들이 왜 젊은 목수의 아들을 이처럼 참혹하게 죽였을까? 이 청년이 죽기 전 3년간 사람들을 모아 놓고 한 말은 대강 이랬다.

"우리가 믿는 신神은 사랑입니다. 용서하는 자입니다. 우리도 서로 사랑하고 용서해야 합니다. 회개하는 자 모두에게 구원이 있습니다."

이 말이 왜 유대인들에게는 그들의 신神 여호와를 모욕하는, 지독히 불경스런 말로 이해되었을까?

당시 유대의 신 여호와는, 유일무이한 절대자이며, 사람의 잘못을 하나하나 헤아려 벌 주는 심판자이며, 다른 신을 섬기면 질투하여 큰 재앙을 안겨 주는 자이며, 복수를 대신해 주는 자이며, 마음에 드는 자의 머리에 기름을 부어 명예를 주고 그의 창고를 채워 주는 자이며, 양의 피를 받고 죄를 씻어 주는 가부장적家父長的 신이었다.

여호와는 장막 안 지성소에서 그 사자使者인 예언자와 사제를 통하여 제사를 받는 비밀스런 존재였다.

만약 이 청년의 말처럼, 만약 여호와가 사랑이라면, 일곱 번에 일곱 번을 용서하는 신이라면, 여호와 앞에서 벌벌 떨 이유도 없고, 그 대리자인 제사장도 두려워할 필요가 없으며, 양을 잡아 바치는 희생의 식犧牲儀式도 필요 없을 것이다.

죄 사함을 위하여 성전에서 죄인의 이름을 불러 주는 의식儀式의 집행자로서, 유대 사회를 지배하던 장로들의 역할이 없어지면 그들의 특권도 사라질 것이므로, 이는 유대 사회의 계급 질서를 뒤흔드는 매우 중대한 발언이었을 것이다.

결국은 자기 민족民族의 신을 심판자로 이해하는 지배 세력이, 자기 민족의 신을 사랑과 자비의 존재로 이해하는 자를 형틀에 매달아 죽인 것인데, 그렇다면 유대 사회의 지배 세력인 장로들은, 그들의 사회적 특권을 유지하기 위하여 민중을 동원하고, 총독인 빌라도의 손을 빌려 청년을 십자가에 매달아 죽인 것일까?

 신이 냉혹한 심판자審判者인지, 사랑의 존재인지의 여부는 증명할 길이 없으므로, 어느 것이 진정한 신의 모습인지는 알 수 없다. 그렇다면 장로들이 예수를 죽일 수 있었던 것은 그들의 신관神觀이 옳아서가 아니라, 그들이 막강한 사회적 힘을 가진 세력이었기 때문이었을 것이다.

 이는 장로들 집단이 한 청년의 신관을 문제 삼아 죽인 것이므로, 그렇다면 당시 신神은 장로 집단이 한 청년을 제거하는 도구道具로 활용된 셈이다.

 만약, 신의 말을 들을 수 있었다면 이런 비극은 생기지 않았을 것이다. 그러나 신은 우리가 볼 수도, 만날 수도 없다. 우리가 아는 신은, 누군가의 가르침에 따라 이해되어 온 관념觀念에 불과하다.

 신은 얼굴이 없다. 그래서 존재 여부를 확인할 길이 없으며, 그래서 신은 마음대로 만들어질 수 있는 존재이기도 하다.

 볼 수 없는 신 때문에, 그래서 사람의 관념觀念에 의하여 만들어질 수밖에 없는 신 때문에, 인간들은 신을 마음대로 형상화形象化하여 그들에게 필요한 도구로 활용한다. 처절한 종교 전쟁이 그것이다.

 참으로 끔찍한 사실은, 신은 사람의 관념으로 만들어지고 해석되므로, 신의 속성屬性이나 개성個性은, 그 신을 만든 사람들의 관념의 범위를 벗어나지 못한다는 사실이다.

 신을 만든 사람들은, 그들이 희망하는 절대자의 모습, 그들의 고뇌와 바람, 그리고 그들의 가치價値를 신의 속성으로, 신의 율법으로 그리고 신의 웅대한 계획으로 포장하여 선포할 것이기 때문이다.

결국에는 신은 신을 만든 사람들의 욕망의 허울로 전락할 수밖에 없을 것이다.

유대인들은, 과거 그들은 선택하여 이집트 노예 신분에서 해방시켜 주었고, 앞으로 로마의 식민 지배에서 해방시켜 줄, 오직 그들 민족만을 선민選民으로 인정하여, 특별하고 배타적인 축복을 내려 줄 신이 필요했다. 그래서 그들은 그런 신을 예배했을 것이다. 누구에게나 용서를 베풀고, 누구나 믿기만 하면 천국문을 선뜻 열어 주는 그런 신은, 그들이 섬기기에 문제가 많은 신이었을 것이다.

그래서 그들은, 그들에게 대적하는 적을 섬멸해 주고, 오직 그들 민족만이 사제司祭가 성전聖殿의 지성소 앞에서 그들 이름을 불러 주면, 죄 사함을 받고 구원받을 수 있는 특권을 허락해 준, 이방인은 아예 죄 사함을 받을 자격조차 허락하지 않는, 그런 신을 섬겼을 것이다. 그러므로 그들의 신은 그들의 소아小我적 마음이 투사되어 만들어진 신이었다. 유대 장로들은, 자기들의 신을 다르게 말하는 청년을 결코 용서할 수 없었을 것이다.

외롭고 두려운 마음에 신들이 산다.

그리고 욕망이 몸부림치는 마음에도 신들이 산다. 고통을 위무慰撫하고, 욕망에 날개를 달아 줄 초월적 존재가 필요하기 때문이다.

희랍에서 인간과 꼭 같은 욕망을 가진—너무도 인간적인—신을 섬길 때, 유대인들은 그들의 정치적 지도자에게는 "내가 네 머리에 기름을 부어 너를 축복하고, 내 백성을 너의 손에 맡기겠으며, 네 창고를 넘치게 해 주겠다."라는 약속을 하고, 전장에서의 승리자에게는 "네 원수 앞에서 네 머리에만 면류관을 씌워 주겠다."라는 언약言約하는 신을 섬겼다.

이 신은 인간사회에서의, 지배하고, 마음대로 규정하고, 심판하고,

대신 복수해 주고, 질투하고, 높은 당상 위에서 상을 베푸는 인간사회의 소수小數 권력 엘리트의 인격을 닮았다.

그래서 이 신은 소수 권력 집단에 의하여 창조된 산물産物이라고 할 수 있을 것이다.

예수라는 젊은 청년이, 그러한 '유대의 하나님'을 다른 존재로 말하기 시작하자 유대인들은 그를 죽였을 것이다. 그들의 신이 세상 밖으로 나가, 이방인異邦人에게도 구원을 베푸는 신이 될 때, 그들은 더 이상 독점적으로 신을 소유할 수 없게 될 것이기 때문이었다.

'예수'로 인하여 '여호와'는 세상 밖으로 나왔고, 유대의 신에서 세상의 신이 되었고, 질투하고 복수하는 협량狹量한 신에서, 사랑이 가득한 용서容恕의 신이 되었다. 아마 이는 사회 권력이 소수 권력 엘리트에서 대중大衆에게로 옮겨 온 것과 무관하지 않을 것이다.

신이 절대적絶對的 객체라면, 신의 속성은 바뀔 수 없는 것이며, 그가 만들어 예언자들의 입을 통하여 선포한 율법 또한 변화가 없어야 한다. 그러나 신의 속성은 역사 속에서 계속 변화한다. 마치 예수가 신의 속성을 새롭게 '사랑'으로 해석한 것처럼….

신의 속성이 변화하는 이유는, 신이 바로 사람들 관념의 형상形相이기 때문이다. 관념은 세월을 따라 변화하는 계절과 같다. 사회는 인간의 관념을 바꾸고, 신은 인간 관념의 형상이므로, 신은 인간의 관념의 변화에 따라 바뀔 수밖에 없을 것이다.

신은 사람의 외로움과 두려움과 욕망을 뒤집어 놓은 모습이므로, 꿈꾸고 고뇌하는 우리를 뒤집어 놓은 모습이기도 하다. 그러므로 사람들의 외로움과 욕망이 잠자지 않는 한, 신은 사람들의 마음에 살아 지배하는 지배자가 될 것이다. 왜냐하면 결국에 만들어지는 신은 사람들의 깊은 고독과 불타는 에고의 다른 모습이기 때문이다.

심연深淵의 고독이나 불타오르는 욕망 같은 것들이, 누구로부터 주어진 것이 아닌, 마음이 지어 낸 허망한 것인 줄 알게 될 때, 사람은 신을 창조하는 일을 그만둘 것이다. 그날에야 비로소 에고가 만들어 섬기는 신이 사라질 것이다.

사람

태초에 전능한 신神이 있었습니다.

신은 그 전능한 능력으로 삼라만상森羅萬象을 창조했습니다.

신은 자신이 창조한 세상이 보기에 너무 좋았습니다. 그는 그가 창조한 삼라만상의 세상에 들어와, 그것들을 경험하기로 했습니다. 그래서 자기의 파동을 거칠게 조절하여, 마침내 물질로 육화肉化된 사람이 되었고, 사람은 자기가 창조한 삼라만상 속으로 들어와 즐기기 시작했습니다.

그가 만들었지만 너무도 멋진 세상이었습니다.

새까만 어둠을 한꺼번에 부수며 찬란하게 떠오르는 태양, 아침의 설레임, 대낮의 풍요로움, 저녁 하늘을 붉게 물들이는 아름다운 석양, 꽃이 만발하는 4월, 바람이 향기로운 5월, 보리 익은 빛깔로 충만한 6월의 들판, 바람에 실려와 호수에 내리는 7월의 소나기, 햇살에 익어 황금색으로 변하는 10월의 산야, 처연한 빛깔의 가을, 세상을 하얗게 덮어 전혀 낯선 세상을 만드는 겨울의 눈, 이슬을 머금은 들꽃들, 기묘한 소리를 내는 갖가지 색깔의 새들, 단 하나라도 아름답지 않은 것이 없었습니다.

그리고 육화肉化된 사람의 삶 또한 참으로 아름답고 비범非凡했습니다.

어린 시절의 천진난만한 재미, 청년기에 만나는 세상과 이성異性에 대한 장미 빛깔처럼 강렬하고 감미로운 감정, 가정을 꾸려 가며 아이들의 성장을 지켜보는 장년기의 살림살이, 그가 산 삶들을 돌아보며, 이 세상의 모든 것을 다 경험한 그 지극한 만족감으로, 저녁 하늘의 붉게 타는 노을처럼 장렬히 사라져 가는 노년老年….

처음 삼라만상의 속으로 들어온 사람은, 그가 경험하는 물질 세상이 그가 만든 환영幻影임을 이해하고 있었으므로, 세상살이에 만족하여 아무런 고뇌가 없었습니다.

젊음은 젊음대로, 늙음은 늙음대로, 다 아름답고 만족한 여정旅程일 뿐이었습니다.

그들에게는, 산과 물, 모든 것이 그들이 의미를 부여하는 대로 창조되는 창조물이었고, 그들은 그것을 즐기는 경험자經驗者일 뿐이었습니다.

그들은 창조물들과 접촉하며 즐기기 위하여 아름다운 육체를 입었고, 물질인 육체를 통하여 오욕칠정五慾七情을 경험했습니다.

그러나 이 오욕과 칠정은, 물질 세상을 경험하고 즐기기 위한 방편方便적 기능에 불과하다는 사실을 알고 있었으므로, 그것들이 가져다 주는 감각과 감정을 즐길 뿐, 휘말리지 않았습니다.

그들은, 그것들이 전부 물질세계가 가져다주는 꿈같은 것들로서, 다만 경험하며 즐길 뿐, 붙잡을 수 없는 것임을 알고 있었습니다.

그들은 단 한 번의 인생살이만으로도, 신神이 창조한 삼라만상을 이해하고 즐기기에 충분했으므로, 다시 태어나 인간적 삶을 경험할 필요가 없었습니다.

그래서 그들 사람의 옷을 입은 신들은, 이 세상에 다시 오는 윤회輪回가 필요 없었습니다.

그러나 간혹 어떤 사람은, 이 물질 세상이 가져다주는 황홀함을 다시 한 번 더 경험하고 싶어, 오욕과 칠정을 한 번 더 경험하고 싶어, 다시 육체의 옷을 입고 이 물질 세상을 찾아오기도 했습니다.

어떤 사람은, 이 물질 세상을 상황狀況을 바꾸어 다시 경험하고 싶어, 상황을 바꾸어 다시 계속 태어나기를 반복하기도 했습니다.

그러다 그들이 경험한 쾌락이나 즐거움에 탐닉耽溺되어, 그가 경험한 쾌락들을 찾아 다시 윤회를 반복하였고, 그러다 윤회는 버릇이 되어 버렸습니다.

사람이 된 신은, 자신의 본연의 모습인 신의 속성屬性을 잠재우고, 물질적 육체를 자기로 인식하여, 자기가 만든 경험체經驗體에 불과한 이 연약한 몸을 자기 본연의 모습이라는 착각에 빠져, 자기의 전능한 본 모습을 잊었습니다.

그래서 전능한 모습을 형상화하여 신으로 섬기기 시작했는데, 그것이 잊어버린 자신의 모습이라는 사실을 까맣게 몰랐습니다.

그는 오욕칠정의 경험자가 아닌, 탐닉하는 존재로 전락했으며 자신의 주재자가 아닌, 세상에 내던져진 객체로 인식했습니다.

이들은 이 물질 세상을 고통의 바다라고 불렀고, 직관直觀을 잃고 윤회하는 사람들의 생각이 만든 거대한 지식知識의 숲에 빠져 버렸습니다.

그러나 삶의 진실은, 삼라만상이 만들어 놓은 기쁨과 놀라움을 경험하는 기회일 뿐입니다.
　잠자는 신성神性은 언젠가 깨어나 이렇게 말할 것입니다.
　"당신은 본래 하늘이며, 우주를 편력遍歷하는 여행자이며, 다양한 운명의 창조자다."라고.

검은 모자의 베르트 모리조

풋매실 같은 사춘기에 내가 만난 여자는 까만 모자를 쓴 그림 속의 여자였다.

까만 옷과 까만 모자, 선하고 투명한 눈빛, 무슨 말을 하려는 듯한 입술, 뚜렷한 콧날, 희고 이지적인 얼굴.

바이런의 순결한 영혼과 베토벤의 미친 열정을 사랑하던 시절에, 온통 새까만 색으로 치장한 이 여인은, 바이런의 시 속의 여인처럼 걸어 나와 베토벤의 음악 속을 같이 산책했다.

봄비를 한없이 바라볼 때나, 신록이 눈부신 햇살과 어울려 춤추는 5월, 낙엽이 길가를 뒹굴며 서성거리는 가을에도 나는 그녀와 같이 있었다.

나는 그녀를 13세에 처음 보았고, 20살이 될 때까지 여러 차례 그녀를 모사模寫했다. 모사한 그림을 책상 위나 햇살이 가득 안기는 대청마루에 놓아 두고, 낮닭이 울어대는 한가한 시간에 바라보기도 했다.

불안해할 미래도, 후회하고 자책할 과거도 없는 때, 매일 혼자서 지냈지만 내가 늘 혼자라는 사실을 깨닫지 못하고 있었던 것은 아마, 그녀 때문이었을 것이다. 내가 세상에 눈뜨는 시간에, 그녀는 내가 여자의 세상을 보는 창이었다.

그러나 나는 어른들의 세상으로 들어가면서, 그래서 세상살이에 감금되면서 그런 것은 아이들이나 하는 유치한 짓이라며 버렸다. 그리고 투명하면서도 골똘하게 나를 쳐다보는 그녀의 눈길도, 그 난처한 뜨거움 같은 사춘기와 오월의 붉은 장미꽃 색깔처럼 감미로운 세상에 대한 동경도 사라졌다.

그녀의 눈길을 잃어버린 세상은, '뭉크'의 광폭한 화폭처럼 황량했다. 내 머리가 희끗해지고, 이제는 소음과 매연에 익숙해져 도시가 더 사람 사는 세상처럼 친밀해진 나이에, 내가 미술관에 간 것은 쓰레기처럼 버려지는 자투리 시간 때문이었다.

이미 나는, 대체 바이런이 무슨 말을 했었길래 그토록 순결한 영혼이라고 생각했었는지에 대한 기억조차 없었다.

출장 일을 마치고 예매한 기차 시간을 기다리던 나는, 어떻게 그 자투리 시간을 때울까 걱정하다가 미술관을 생각해 냈다. 비가 내리고 있었으므로 달리 갈 만한 곳도 없었다.

미술관 벽에는 무수한 색들로 채색된 형체와 관념들, 그리고 간절한 꿈들이 걸려 있었다.

화랑을 한참 걷던 중, 나는 전기에 감전된 듯한 충격에 놀라 걸음을 멈췄다. 그것은 참으로 뜻밖의 만남이었다.

하얀 내 기억의 벽면 한가운데에 붉은 생채기처럼 새겨진, 그래서 결코 잊을 수 없는 그녀가, 마치 5월 햇살을 받아 투명하게 빛나는 창포 꽃잎 같은 눈빛으로 나를 응시하고 있었다.

아름다운 그녀는 변한 것이 없었다.

햇살이 금싸라기처럼 잘게 쪼개져 파실파실했던, 마치 작은 비밀처럼 숨을 죽이고 숨어 있던, 그녀와 함께했던 기억들이 되살아나면서 전신의 세포가 스멀거리기 시작했다. 먼 데서 대낮의 한가한 수탉의 긴 울음소리가 들리는, 햇살이 기어오르는 대청마루에서 그녀를 바라보던 순간들이 다가와 내게 말을 걸었다.

들새들의 지저귐에 귀 기울이며 비에 젖은 꽃잎에 입 맞추고, 새싹이 돋는 둑길을 걸으며 비상하는 작은 새의 몸짓에 몸을 떨던, 그 희열이 찾아왔다.

비록 수십여 년이 흘렀지만, 그 순간들이 만들어 내게 선물했던 정경들이 눈앞에 아른거렸다. 나는 이 아름다운 것들을 어떻게 그처럼 깡그리 잊고 살 수 있었을까 하고 내게 반문했다.

그 그림 아래에는 내게 너무도 친숙한, 아팠지만 감미롭기 짝이 없었던 내 사춘기와 같은 이름이 적혀 있었다.

"마네, '검은 모자의 베르트 모리조'"

그 그림은 그 시절 내가 그토록 보고 싶어 했던 진본眞本 그림이었다. 마치 흰 비단 천에 붉은 장미 꽃물이 떨어져 젖어든 듯, 사춘기의 풋풋한 생기가 되살아 피어나고, 너무 반가워 가슴이 뛰었다.

내 생존을 보장해 주는 보호자처럼, 항상 나를 압박하며 순종을 요구하던, 내가 떠밀려 들어간 그곳 사람들이 만들어 놓은 권위나 기준들이, 갑자기 아무것도 아닌 듯 시시해지면서, 마치 봄의 아린 햇살이 퍼지는 언덕으로 불어오는 따스한 바람 같은, 익숙했던 감미로움과 편안함이 나를 휘감았다.

내가 그녀와 함께했던 그 시절은, 내가 어른이 되기 위해 버렸던 낙원이었다. 아니, 내가 어른이 되려 하자 그 세상이 나를 추방했을 것이다. 나는 그곳에서 추방되어 유랑하다가 초라하게 돌아온 사람처럼 느껴졌다. 무엇이 나인지 생각조차 해 보지 않고 뛰어온 시간들이 회한悔恨이 되어 밀려왔다.

미술관을 나와 비가 질척거리는 거리를 걸으며, 그 낙원에서 뛰쳐나온 뒤의 내 모습을 돌아보았다.

임무를 수행하기 위하여, 항상 무장武裝을 하고 명령을 기다리는 병정처럼 긴장되었던 일상들, 보이지 않는 미래를 위하여 매일 나를 채찍질하며 다그치고, 그들이 만들어 놓은 틀 속으로 들어가, 그들이 만들어 놓은 관념을 추종하여 우상偶像으로 만들고, 항상 미래에 투사된 삶만 바라보면서 지금의 일상日常을 부정하고, 내가 만들어 쓴 색안경 너머 눈으로 세상을 판단하며 잔인하게 공격하면서, 세상의 실재實在—거센 바람에 물결치는 초록 숲, 봄 안개를 먹고 피는 꽃들, 아이들의 키득거리는 웃음—와 분리되어 늘 외로워하는 내가 보였다. 안타깝고 측은했다.

'그 세상—불안한 미래도 고통스런 후회도 없던—을 떠나 내가 진정 산 것처럼 살아 본 적이 있었던가? 내가 매달렸던 그 잘난 이념과 가치가 나를 한순간이라도 행복하게 했던가? 거기에 생명을 춤추게 하는 태양이 비추고 있었던가? 강 언덕에 다 자란 큰 나무처럼, 모든 존재는 빛으로 창조된 장엄한 우주 자체로서 스스로 완전하여 기실 더할 것이 없다. 내가 아무리 애를 쓴들 존재에 무엇을 더할 수 있을까? 아무런 전제前提나 조건 없이 주어진 것들을 그대로 기꺼이 향유한 순간이 바로 환희의 순간이 아니던가? 그렇게 사는 것이 이 세상을 살아가는 존재들의 마땅한 본연이 아닐까? 사실은 하찮은 것에 불과한 것들에 구태여 심장深長한 의미를 부여하고, 그것을 갖겠다고 고민하고 애쓰느라 삶을 소비하고 있는 것은 아닐까? 꽃이 어디 번민

하며 피던가? 오늘의 이슬과 바람만으로 족해하며 춤추지 않던가?'
 끝이 보이지 않는 아스팔트 길에는 질척거리는 비가 계속 내리고 있었다.

누님의 천국

　우리 집에는 세 개의 종교가 있었지만 아무런 문제가 없었습니다.
　어머니는 절에서 절을 가장 많이 하는 보살이었고, 누나는 예배당에서 성가대 풍금을 치는 예수쟁이였고, 아버지는 한복을 입고 유교 전통대로 제사를 열심히 지내신 분이었으니 유교가 분명했습니다.
　나머지 식구들은 전부 구경꾼들이었는데, 나는 사월 초파일에는 어머니를 따라 절에 가서 스님들과 놀고, 크리스마스 날에는 누나를 따라 교회에 가서 선물을 받고는 예배당이 참 좋은 곳이라 생각하였고, 아버지를 따라 제사도 열심히 지냈으니, 세 개의 종교를 다 가지고 자랐다고 할 수 있겠지요.
　절에 가면 꿀밤에 성냥개비를 끼워 꿀밤팽이를 만들어 주는 노스님의 무릎에 앉아 놀고, 누나를 따라 교회에 가면 누나가 치는 풍금 뒤에 앉아서 그 지루한 예배를 지켜보아야 했는데, 누나를 따라 일요일 밤 예배에 참석하는 날이면 나는 두 개의 밤을 지내야 했습니다.

그때의 일과는 날만 새면 밖에서 뛰어노는 것이다 보니, 예배시간에 성가대 풍금 옆 바닥에 앉아 있다 보면 나도 모르게 잠이 들었고, 예배가 끝날 즈음엔 한잠 잘 자고 난 후였습니다.

나는 잠을 자고 일어났으므로, 당연히 날이 새어 아침이 될 줄로 알았는데, 교회 밖을 나오면 전봇대에 불이 켜져 있고, 점방에는 여전히 과자를 팔고 있었으므로 '아하! 밤이 두 개인 날도 있구나!' 하는 생각을 했습니다.

내가 초등학교에 들어가고 누나가 결혼을 하여 멀리 떠나자, 우리 집은 세 가지가 달라졌습니다.

그중 하나는, 누나가 그렇게 아끼며 팔에 끼고 다니던, 책장 끝머리에 빨간색이 칠해진 두꺼운 성경책이, 주인을 잃고 굴러다니다가 결국에는 화장실에서 화장지로 일생을 마감한 것이었는데, 그 책이 하도 두꺼워 우리 집에서는 약 2여 년간 화장지 걱정이 없었습니다.

그리고 다른 변화는, 우리 집 방방에 걸려 있던, 작은 꽃들이 가득 수놓아진 커튼이 세월을 두고 차차 사라진 것이었습니다.

우리 집 방들의 벽에는, 누나가 수놓아 만든 커튼이 줄줄이 쳐져 있었는데, 부모님이나 형님들은 누나의 눈치 때문이었는지, 좋아하고 싫어하는 것에 상관없이, 누나가 만든 커튼을 방 벽에 걸어 두지 않을 수 없었습니다.

누나가 집을 떠나고 난 한참 뒤에도, 어머니는 누나가 만든 커튼을 씻어 풀을 빳빳하게 먹여 벽에 걸었지만, 세월에 따라 하나둘 사라져 버렸는데, 나는 그 뒤 누나처럼 그렇게 작은 꽃들이 만발한 수가 놓인 커튼을 만드는 사람을 보지 못했습니다.

또 하나의 변화는, 누나가 형들을 동원하여 마당 한가운데 만든 꽃동산의 꽃들이 하나둘 사라지다가, 결국에는 꽃동산마저 허물어지고 소나무 하나만 남게 된 것이었습니다.

  누나는 갔지만 그 소나무는 장성하여 지금도 집을 지키고 있습니다.

  누나는 결혼해서 멀리서 살았지만, 조카들을 데리고 집을 다녀갔고, 아이들을 교회에 열심히 데리고 다녀, 조카들도 누나처럼 예수쟁이입니다.

  누나는 몇 해 전, 생전에 늘 예배하던 하나님 품으로 갔습니다.

  누나가 생전에 교회에 다닌 이유를 알지 못하지만, 아마 하나님이 생전生前의 풍요와 사후死後의 안식을 준다고 생각하였겠지요.

  나는 누나의 임종을 보지 못했는데, 조카들은, 누나가 병들어 죽게 된 자기의 모습을 보이지 않겠다며, 형제들에게 연락하지 못하게 하였다고 했습니다.

  나는 매우 슬펐지만 평소의 누나답다고 생각했습니다.

  그래서 우리는 누나의 병이 그렇게 심각했다는 사실도 모른 채 누나를 떠나보냈습니다.

  누나는 회복이 어려운 병에 걸린 사실을 알고는, 다니던 교회의 목사님을 찾아가 이런 말을 했다고 했습니다.

  "나는 예전에 고아원에 놀러 가서 고아들이 사는 모습을 보고, 아이들이 너무 불쌍해서 마음으로 '하나님, 내가 돈을 많이 벌어서 이 불쌍한 아이들을 도울 수 있게 해 주십시오.' 라는 기도를 했답니다. 그런데 나는 그 후 돈이 있어도 그렇게 하지 못했습니다. 이제는 정말 그렇게 하고 싶습니다."

  나는 그 고아원이 어느 고아원인지 잘 압니다. 누나는 외출할 때 나를 데리고 다녔거든요.

  그 말을 듣자, 우리 집 방들을 꽃밭처럼 만들었던, 누나가 만들어 우리 집 방마다 걸었던 꽃이 가득한 커튼과, 누나가 치던, 낡아 삐거덕거리는 소리를 내던 교회의 작은 풍금이 생각났습니다.

그리고 머리를 조그맣게 땋고, 마치 크리스마스 카드에 그려진 교회처럼, 전나무 두 개가 문 앞에 서 있던 작은 교회에서 풍금을 치던 소녀 누나의 모습이 떠올랐습니다.

누나에게 정말 돈을 많이 벌어서 불쌍한 고아들을 도와주고 싶었던 꿈이 있었을 것이라고 믿고 싶었습니다.

그렇지만 누나의 하나님은, 누나가 고아들의 손을 잡아 줄 기회를 주지 않고 데려가 버렸습니다.

조카들의 마음에, 불쌍한 고아들을 도와주고 싶어 돈을 벌고 싶었다던 누나의 마음이 그대로 담아졌으면 하고, 나는 기도하듯 생각합니다.

조카들은 누나의 무덤에 평소 누나가 좋아하던 〈시편〉 중 하나가 새겨진 까만 비석을 세웠습니다.

나도 좋아하는 〈시편〉 23편이었는데, 나는 교회에 가지 않지만 이 시를 좋아합니다.

"여호와는 나의 목자시니 내게 부족함이 없으리로다. 그가 나를 푸른 초장에 누이시며 쉴 만한 물가로 인도하시는도다. 내 영혼을 소생시키시고…."

누나가 왜 이 〈시편〉을 좋아했는지 나는 들어 보지 못했습니다.

만약 나와 같은 생각에서였다면, 그것은 유년 시절 고향의 평화로운 강을 바라보며 꿈꾸었던, 그 강처럼 아름답고 평화로운 세상에 대한 그리움과 동경 때문이었을 것입니다.

아마 누나는 그 평화로운 강을 바라보며, 돈을 많이 벌어서 불쌍한 고아들에게도 그러한 행복을 나누어 주는, 그런 소박한 꿈을 꾸었는지도 모릅니다.

　누나는 돌아가신 후, 그 강이 내려다보이는 고향의 언덕에 누웠습니다.

　나는 누나가 평생 꿈꾼 세상, 하나님이 누나를 위하여 예비하였을, 마르지 않는 강물이 흐르고, 초록 풀들이 사시절 시들지 않는 곳, 눈물 흘리는 불쌍한 고아들이 없이, 모두가 평화롭게 어울려 사는 아름다운 세상에 소생蘇生하였을 것을 의심하지 않습니다.

　사람은 살아서나 죽어서나, 자기가 꾸는 가장 깊은 꿈속에서 사는 것이니 말입니다.

하오의 연정

중늙은이가 된 범생이가 다방 모서리 탁자에 앉아, 돋보기를 끼고 연애편지를 쓰는 것을 보고, 나는 어떤 잃어버린 아름다움에 대한 향수 같은 것을 느꼈다.

그는 편지 쓰기에 매우 열중하였으므로, 마치 통영의 푸른 바다가 내려다보이는 우체국의 낡은 의자에서, 매일 어떤 여자에게 연애편지를 쓰던 나이 많은 시인의 모습이 연상되기도 했다.

인생의 하오下五를 장악한 그의 연정戀情이 한편 부러웠다.

그가 어느 카페 마담을 안 후 내게 이런 심오한 말을 내뱉었다.

"합쭉한 데다 돈만 밝히는 여편네를 데리고 사는 세월 동안 나는 돈 버는 기계였다. 나는 그동안 삶을 잃어버리고 살았다. 나는 삶다운 삶을 찾고 싶다."

미색美色에 홀린 범생이가, 정신이 나가 기개 한번 당차게 부르짖는 소리에 불과한 것인지, 정말 지친 노년이 인생의 저녁을 맞아 석

양처럼 사라지는 허무함에 몸부림치는 애처러운 소리인지 나는 분간을 할 수 없었다.

지금까지 그가 산 삶이 가짜였다면, 단아하고 깨끗하고, 그리고 절도가 넘쳐난 그의 삶이 통째로 가짜였다는 말인가?

대체 그가 늘그막에 인생의 무슨 심오한 의미를 발견했길래, 가족을 입히고 먹이고 사람다운 품격을 가지도록 하겠다는 사명으로 가득 찬 그의 삶을 송두리째 부정하는 것일까?

하기야, 조건이 좋아 일찍 직장을 잡고, 일찍 결혼하여 자식들 혼인까지 시켰지만, 얼굴은 아직 팽팽해서 40대로도 보이는 청춘이니 바람기가 동할 만도 할 것이다.

그가 아무리 그의 글쓰기를, 비애를 담은 철학적 탐구로 윤색潤色을 하더라도, 연애편지를 쓰는 바람기를 가장하는 변명에 불과하다는 것은 누구나 다 아는 사실이다.

나는 부러움과 내가 배운 도덕적 윤리관의 가르침에 갈등하며 중얼거렸다.

"정리할 늘그막에 참 잘하는 짓이네!"

어느 날, 그의 처가 부끄럽고 걱정스럽게 그리고 힘들게 내게 전화를 했다.

"애 아버지가 집을 나갔어요!"

드디어 범생이가 일을 냈구나! 늦게 배운 도둑이 날 새는 줄 모른다더니, 그래서 사람은 그때그때 할 일을 제대로 해야 한다니까! 열심히 연애질도 해보고 일탈도 해보고…. 남들은 옛날에 해치운 일을 늙어서 이제 한다고 가출을 하고, 아이고!

들어 보니 뒤늦게 명품 등산복 찾고, 조그만 일에도 짜증을 내고 먼 산을 처다보고 한숨을 쉬어 쌓고, 범생이가 하는 못난 짓을 골라 하다 드디어 집을 나갔다는 것이었다.

하지만 내 경험으로, 사람 보는 앞에서 한숨 쉬어 쌓고 고달픈 척, 슬픈 사연이 있는 척 하는 놈 치고 진짜로 일 치는 놈 없다. 일 치는 놈은 어느 날 갑자기 벼락치듯 일을 낸다.

범생이는 천지개벽이 없는 한, 환골탈태하지 않은 한, 상전벽해되지 않는 한, 하늘과 땅이 뒤바뀌지 않는 한 범생이의 한계를 벗어나지 못한다.

비행기가 아무리 용을 써도 지구 중력권 밖으로 차고 나갈 수 없는 것처럼.

나는 말했다. "좀 놀다 올 겁니다. 기다려 봅시다."

범생이가 돌아온 것은 거의 1년 반이나 지난 무렵이었는데, 그의 걸음은 예전과 달리 여유가 배어 있고 얼굴은 검게 그을어 이전보다 편안해 보였고, 눈빛은 호방한 기상에다 약간의 불량기까지 띠고 있어 범생이 자태가 사라지고 없었다.

나는 그가 늦바람을 타고 방황하던 중에, 드디어 환골탈태는 아니더라도 무슨 큰 깨달음을 얻은 것이 분명하다고 지레 겁부터 먹었다.

내 마음에 갑자기 범생이를 대하는 마음이 아닌 어떤 깨달음을 체득한 범상치 않은 인물을 대하는 공경심 같은 것이 생겼다.

"어디 가서 뭐 하면서 살았는데?"

"아! 이것저것…."

"마담은 어디 갔어?"

그는 머뭇거렸다. 짐작으로는 범생이 돈이 떨어지는 즉시 그 곁을 떠났을 것이다. 범생이가 돌아온 것도 여자가 그 곁을 떠났기 때문일 것이다. 나는 그렇게 짐작했다.

그는 한참 만에 입을 열었다.

"영혼이 참 자유로운 여자였어! 강하기도 하고…. 그래서 내가 반했겠지만. 내가 얼마나 규격에 매여 산 사람인지 알겠더라고…. 그 여자한테 많이 배웠어! 네가 보기엔 내가 많이 망가져 보이겠지만, 나는 그만큼 자유로워진 거야! 이제는 사는 것이 그렇게 겁나지 않아! 그 여자는 그렇게 들풀처럼 살아도 한 번도 절망하는 것을 못 봤어!"

범생이의 말로 보아서는, 인생의 스승으로부터 많은 배움을 얻었다는 말인데, 결국에는 차인 것이었다.

돈 떨어진 중늙은이를 누가 좋아하겠는가? 범생이 태가 좀처럼 벗겨지지 않아 짐스러웠을 것이다.

"돌아오니 어때?"

"이제 마음이 좀 쉴 만하네. 난 지금까지 제대로 한 번도 마음을 내려놓고 쉬어 보지 못했거든."

단아하게 끌어매고 산다고, 단 한 번도 제대로 풀어놓고 쉬어 보지 못한 삶을, 한 1년간 내려놓고 평생 꿈꾸던 일탈을 싫도록 해보았다는 말이었다.

아마 일탈은 마음의 짐을 내려놓는 일이기도 할 것이므로 내내 사람들은 그것을 꿈꾸는 것일 것이다.

내 삶에서도 일탈은 꿈이었지만 나는 꿈도 꾸지 못했다. 그래서 내 마음도 단 하루도 쉬어 보지 못했다는 생각이 들었다.

"기다려 준 집사람한테는 어쩔래?"

"고맙고! 처분대로 해야지…."

그는 별로 걱정하지 않는 것 같았다. 마치 치열한 삶의 강을 건너

본 사람이 갖는 자신감 같은 것이 보였다.
 나는 푸른 하늘을 올려다보았다. 그가 경험한 일탈의 자유는 어땠을까?
 누구나 한 번쯤 꾸어 보는 하오의 연정을, 그 마지막 일탈을 그는 지금 막 해치우고, 마치 백일몽을 꾼 사람처럼 내 앞에 앉아 있었다.

염부제

"이번 여행은 어땠나요?"

내가 꿈을 꾸고 있는 것인지, 아니면 육신을 가지고 다른 어떤 세상에 와 있는 것인지, 아니면 죽어 저승에 와 있는 것인지 알 수 없었다. 그러나 의식은 명료했다.

나는 어떤 힘든 여행을 마치고 산마루 같은 장소에서 쉬고 있는 것 같았다. 내게 여행이 어떠했는지를 묻는 사람은 어떤 여자였는데, 나는 다만 느낌으로만 감지할 뿐이었다.

나는 그녀가 무엇을 묻고 있는지 알고 있었다.

그녀가 묻는 것은 내가 몸을 가지고 지금까지 살아온 이번의 삶, 염부제의 삶을 말하는 것이었다.

아직 다 살아 보지 않아 모른다고 해야 할지, 아니면 이만큼 살아도 알 것은 다 아는 것처럼 말해야 할지 망설여졌다.

나는 내가 죽기 전까지는 삶에 대하여 안다고 할 수 없다는 생각을 가지고 있었고, 내 명료한 의식 때문에 내가 죽었다는 생각이 들지 않았기 때문이었다.

그리고 이번 삶이 즐거운 것이었다고 해야 할지, 아니면 고통스러운 것이었다고 해야 할지조차도 알 수 없었다.

어떤 것은 꼭 다시 한 번 더 가슴에 안아서 느껴 보고 싶었고, 어떤 것은 진저리가 처지는 것들이었기 때문이었다.

나는 이번의 삶을 살아 내었지만, 이것이 내가 선택한 것이었는지 아니면 어떤 거역할 수 없는 힘에 의하여 내던져진 것인지조차도 모르고 있었다.

각자의 삶이 모두 자신이 선택한 한시적인 여행이라면, 이번 여행에서 내가 만난, 나보다 훨씬 더 열악한 조건을 선택한 사람들은 대체 무엇 때문에 그런 선택을 하였을까?

내가 지금까지 겪은 고통들은, 정말 내가 선택해서 겪었던 것일까. 그래서 그렇게 견딜 만했던 것일까?

"무어라 말할 수 없네요, 우연히 어떤 장소에 태어나 울고 웃다가 이곳에 왔다는 것 외에는…. 내게 다가왔던 것들, 내게 주어진 조건들이 전부 나의 선택이었다면, 내가 왜 그런 조건을 선택하였는지 아직도 모릅니다. 만약 그런 것들이 주어졌던 것이라면 그것이 어떻게 그렇게 주어진 것인지도 모릅니다. 종교들은 그것을 업보나 신의 뜻이라고 하지만, 만약 삶이 내가 선택하는 것이라면 나는 다시는 염부제의 삶을 택하지 않을 것입니다."

그녀는 의아한 듯 나를 바라보며 말했다.

"이 염부제의 삶이 당신이 선택한 것이 아니라는 생각에는 동의할 수 없네요. 당신은 당신이 살 집을 지어서 그 안에 들어가 살듯이, 당신은 이 염부제를 마음에 그려 두고 마침내 이곳에 들어와 당신이 그리워하거나 만나 보고 싶었던 사람들을 만나, 이곳에서 같이 산 것이 아니던가요? 그렇지 않다면 당신은 무엇 때문에 그 많은 사람들을 여러 가지의 인연으로 여기서 만났겠습니까? 탄생, 사랑, 결혼, 직업…. 그런 것은 전부 자신의 의지로 선택한 것이 아닐까요? 삶의 조건도 인연에 따라 내가 선택한 것이 아닐까요? 다만 내게 선택의 자유가 있다고 하더라도, 내가 선택할 수 있는 것은 인연의 범위, 즉 인지認知의 범위 내에서만 가능할 것이므로 그런 선택을 한 것이 아닐까요? 그런 의미에서 이번 삶은 어쩌면 당신의 최선의 선택이 아니었을까요?"

나는 그녀의 '선택할 수 있는 인연의 범위'라는 말을 이해할 수 있을 것 같았다.

"그런 것 같군요."

그녀는 나의 동의에 힘을 얻은 듯 말했다.

"이 염부제의 세상이 왜 싫은가요? 정말 당신이 오고 싶어서 온 세상이 아니라는 말인가요? 염부제가 얼마나 아름다운 세상인지 보세요. 전부 다른 생각의 사람들, 독특한 개성의 동물들, 갖가지 모양과 갖가지 향기의 꽃들, 들꽃처럼 생기 넘치는 젊음, 매력적인 이성과의 만남, 설레는 사랑, 사랑스런 자식 키우기, 부모님의 한없는 사랑, 말로 다 표현할 수 없는 온갖 기묘한 것들로 가득 찬 세상이 아니던가요? 그런 것들은 이 염부제가 아니면 만날 수 없는 것들이지요. 한 번 더 그런 것들을 경험하고 싶지 않으세요?"

비로소 나는 내가 살던 세상을 떠나와 새로운 삶의 여행을 해야 하는 지경에 와 있다는 사실과, 그녀가 염부제에서 매우 만족한 삶을 산 사람이란 사실을 알 수 있었다.

나는 고개를 저었다.

"염부제의 삶은 염부제에서 만들어진 장난감들을 가지고 노는 놀이터이지요. 그러나 사람들은 그 놀잇감에 열중하는 즉시 놀잇감에 정신이 빼앗겨 그 노예가 되었습니다. 사람들이 추구하는 권력, 금력, 명성, 고상한 신념信念 따위의 놀잇감들은 전부 불타는 욕망이 만든 것들이므로, 욕망을 채울 때는 목마른 것처럼 허덕이게 하고, 욕망이 채워지면 태워진 재처럼 의미가 없어집니다. 그리고 새로운 욕망은 뱀처럼 꿈틀거리며 마음에 새로운 불을 지핍니다. 어떤 사람은 자기가 가지고 노는 놀잇감만이 절대적인 신성한 가치價値라고 주장하며, 거기에 예배하게 하고, 이에 추종하지 않으면 비방하며 추방하거나 고문이나 전쟁으로 그 이상한 고집을 끝까지 지키려고 합니다. 그래서 세상은 온통 사람들의 편협한 관념들이 만들어 낸 차별과 미움, 증오, 그것이 불어온 비참한 살육, 준비가 되지 않은 뜻밖의 헤어짐, 정든 것들과의 영원한 이별, 시들어 가는 육체를 지켜보아야 하는 서글픔 같은 것들로 가득 차 있습니다. 나는 이제 그런 것들과 전쟁을 치르고 싶지 않습니다."

그녀가 말했다.

"그래도 즐거웠던 것이 훨씬 많지 않았던가요? 당신은 맑은 바람처럼 향기로운 여자와 사랑을 나누었던 그 황홀한 순간을 잊었나요? 아름다운 꿈이 깃을 내리고 있는 듯한 푸른 숲과 은빛 강, 매일 서쪽 하늘을 화려하게 물들이던 붉은 저녁노을, 쉴 사이 없이 모양이 바뀌는 하얀 구름을 가득 안은 푸른 하늘, 당신의 얼굴을 간지럽히고 나뭇잎사귀를 부드럽게 흔들던 정다운 봄바람, 이런 것들을 다시 가져 보고 싶지 않은가요?"

그녀의 말에, 나는 그만 그런 것들에 대한 아련한 그리움에 빠져들었다. 아! 나는 그런 것들을 얼마나 좋아했던가.

"아마 나는 가끔 주어지는 그런 즐거움 때문에 염부제의 삶을 견딘 것 같군요. 그런 것은 다시 갖고 싶은 즐거움이지요. 그렇지만 다른 장애가 더 많았습니다. 삶이란 깨어 있을 때는 극적인 경험이 되겠지만, 어떤 대상에 정신을 파는 순간, 거기에 끄달려 윤회라는 수레바퀴에 매달리게 되지요. 당신은 연민에 물들지 않고 늘 깨어 있을 수 있던가요?"

그녀는 나를 보고 웃었다.

그녀는 말은 그렇게 하면서도 다시 염부제를 선택해야 할지는 결정하지 못하고 있다는 것을 나는 느낌으로 알았다.

아마 그녀는, 젊은 시절 어떤 아름다운 남자를 만나 사랑을 하면서 느꼈던 그 풋풋하고 감미로웠던 감정, 그 폭발적인 환희, 저녁 강가의 정적과 그 희미한 어둠이 불러오던 그 안식과도 같은 고요와 행복, 그런 것들을 잊지 못하고 있는 것 같았다.

그러나 그녀가 가졌던 사랑이 아름답고 풋풋하기만 하였을까? 섭섭함과 배신에 가슴을 도려내는 고통은 없었을까? 정든 것들과의 이별에 얼마나 마음을 파내며 많은 눈물을 흘려야 하였을까.

내가 알기로 염부제는 그런 상반된 것들, 열락悅樂과 고통, 행복과 불행, 희망과 절망이 순간순간 엇갈리고, 행복만큼 불행이 깊어지는 곳이었다.

나는 오직 생존生存과 의무를 다하기 위하여 한 일들로 가득 찬 나의 삶을 되돌아보았다. 그 많은 애정과 증오에 얽힌 인간관계, 정다운 사람들과의 그 뼈아픈 헤어짐, 수없이 찾아왔던 가슴 아픈 좌절, 죽음, 그런 것들은 전부 염부제에서는 피할 수 없는 것들이었다.

나는 다시 그러한 염부제의 삶을 경험하고 싶지 않았다.

나는 마음으로 그녀에게 어디로 갈 것이냐고 물었다.

그녀가 머뭇거리므로 내가 제안했다.

"도솔천이라는 곳이 있답니다."

나는 그녀에게 내가 들은 도솔천에 대하여 이야기했다.

"도솔천은 두 개의 세상으로 되어 있는데, 한 곳은 원하는 욕망이 마음만 먹으면 한순간에 마음대로 이루어지는 곳이고, 다른 한 곳은 마음을 다스려 정화淨化하는 곳이랍니다. 어디로 가든 좋은 곳이 아닐까요?"

나는 어머니가 때때로 하던 염불을 기억했다.

"골짝마다 물소리요, 보이느니 꽃이로다. 구석구석 염불 소리 이 좋은 극락을 아니 가고 무엇하리…."

아마 도솔천이 그런 곳일 것이다.

그러나 그녀는 이 염부제에서 마음에 새긴 것들을 떨쳐 내기 어려운 듯 망설이고 있었다.

나는 그녀에게 손을 내밀며 말했다.

"우리 이번에는 도솔천으로 가 봅시다."

그 세상이 나의 선택만으로 갈 수 있는 곳인지는 알 수 없었지만, 나는 새로운 여행지로 도솔천을 선택하였고, 마침내 도솔천을 향하여 걷기 시작하였다. 그녀는 머뭇거리며 나를 따라나섰다.

내 마음은 이미 지난 삶을 전부 잊었고, 다만 내가 찾아가는 새 세상에 대한 기대로 한없이 설레고 있었다.

내게서 바람이라는 욕망이 떠나지 않는 한, 삶의 여행은 영원하다는 생각과, 삶은 선택 가능한 여행이란 생각으로 가슴이 뛰고 있었다.

※ **염부제**閻浮提: 불교적 우주관에서 이 인간 세상을 염부제라 함. 욕망이 불타는 곳이란 의미로 생각됨.

천지창조天地創造에는

• 솔로몬 군도에서 생활했던 사람이 이런 이야기를 했습니다.

"이 군도群島에 사는 사람들은, 남의 물건을 가져가고도 도둑질을 했다는 죄의식罪意識이 없어요! 말하자면 도둑질이란 관념이 없다는 말이지요!"

선교사들이 이들을 일요일마다 교회로 불러내어, 십계명을 줄기차게 외우게 해도, 남의 물건을 가져가는 것에 대하여 도무지 죄의식을 가지지 않는다는 말이었습니다.

남의 물건을 가져가는 것은 도둑질이고, 도둑질은 죄악이라는 선교사들의 말을 믿고 죄의식을 가져야, 그다음 차례로 '예수'의 구원救援도 이야기하고 십일조 이야기도 할 수 있을 텐데, 도대체 도둑질에 대한 죄의식이 없으니, '예수'를 믿어야 할 당위성當爲性을 설명하기 곤란하게 된 것은 불문가지일 것입니다.

문명사회의 사람들인 선교사들에게는 도둑질이 죄악이란 관념이 있는데, 이 군도의 주민들에게는 도둑질이란 관념조차 없는 것이, 솔로몬 군도의 문제라면 문제일 것입니다.

- **성경의 천지창조天地創造 편을 보면, 인류 비극의 시작인 분별심分別心이 어떻게 인류에게 들어왔는지를 이야기하고 있습니다.**

태초太初에 하나님이 하늘과 땅과 뭇 동물들을 만든 다음, 맨 나중에 아담과 이브를 만들었는데, 이들에게 옷 입는 것을 가르쳐 주지 않았습니다.

그래서 이들은 뭇 동물들과 꼭 같이 벌거벗고 살았는데, 그러나 이들은 자신이 벌거벗고 산다는 것을 몰랐습니다.

다른 동물들도 전부 성기性器를 노출시킨 채 벗고 사니, 자기들도 그렇게 사는 것을 당연한 것으로 알았을 것입니다.

그런데 간교한 뱀이 나타나, 에덴 동산의 과일 중 하나님이 먹지 말라고 한 선악과善惡果를 따 먹으면, 그들을 창조한 하나님처럼 똑똑해진다고 꼬시었고, 선악과를 따 먹은 이들은 마침내, 벌거벗은 채 성기를 드러내 놓고 뛰어다니면서도 부끄러운 줄 모르고 살았다는 사실을 새삼 알게 되어, 숲으로 숨어 들어가 나뭇잎으로 성기를 가렸다는 것입니다.

하나님은 이 일을 알고는 "누가 너희가 벌거벗었다고 하더냐?"라며 노발대발했습니다.

이 일로 아담과 이브는 소위 낙원추방樂園追放을 당하는데, 이는 사람이 선악善惡을 분별하는 분별심分別心을 가지게 되어 낙원을 잃게 되었다는 비유의 이야기입니다.

즉, 인간 고통의 원천이 바로 선악이나 애증愛憎, 염오染汚 등을 구분하는 분별심임을 말하고 있습니다.
이들이 가지게 된 분별심─성기 노출 사실의 발견과 수치심─은 창조적이거나 본래적인 것이 아니고, 인간이 개발한 후천적後天的 인식認識 능력이었습니다. 이를 에고ego라고 하지요.

- 솔로몬 군도 바로 옆에 있는 파푸아뉴기니의 사람들은 대개 벌거 벗고 살아가는데, 성기를 노출하거나 성기에 작은 깔대기 하나를 꽂고 뛰어다닙니다.

이들은 토지를 소유한다는 욕망이나, 부富를 비축備蓄한다는 관념이 없습니다. 벌거벗은 채로 과일을 따 먹거나 풀뿌리를 캐 먹고, 가끔 사냥도 하며, 사정이 허락하는 한 사랑을 하며 살아갑니다.
하나님이 만들었다는 에덴 동산의 생활이, 이런 파푸아뉴기니인들의 원시적 생활과 매우 흡사했으리라는 추측은 매우 흥미롭습니다.
이들에게도 도둑질이라는 관념이 별로 없는데, 만물은 필요한 사람이 가져다 쓰면 된다는 생각이 이들을 지배하고 있는 것 같습니다.
에덴 동산의 모든 것은 아담과 이브를 위해 만들어졌고, 아담과 이브는 필요할 때는 무엇이나 쓸 수 있었으므로 도둑질이란 관념이 생길 수 없었을 것인데, 파푸아뉴기니 원주민도 비슷한 상황이 아닐까요?
이들에게 지금까지도 도둑질이란 관념이 형성되어 있지 않다는 것은, 모든 재화를 누구나 사용할 수 있는 공동 자산으로 생각해 왔다는 사실을 말해 줍니다.
그런데 저 도둑질에 대한 관념이 없는 섬에 선교사들이 들어가 "남의 물건을 가져가는 것은 도둑질로서 나쁜 일이다. 죽어서 유황불에 타는 고통을 받는다."라며, 그런 행위에 대하여 죄악감을 가져야 한다고 열심히 가르치는 것이 과연 타당한 일일까요?

도둑질이란 관념은, 재화를 내 것, 네 것으로 구분하고, 내가 네 것을 가져왔을 때 생기는 것이므로, 네 것 내 것 구분이 없는 세상에서는 도둑질이 성립되지 않습니다. 도둑질이란 배타적排他的 소유권所有權이 법적으로, 혹은 관습적으로 인정되는 사회에서 생겨나는 관념일 테니까요.

선교사들이 이들에게 도둑질이란 관념을 가르치려면, 이들에게 우선 네 것과 내 것으로 구분하는 소유권所有權부터 가르쳐야 할 터인데, 이런 관념이 없는 사람들에게 이런 것을 가르치는 행위는, 마치 간교한 뱀이 이브에게 선악善惡을 분별케 하는 과일을 먹도록 유혹하는 행위와 같을 겁니다.

이 선교사들은, 이 군도의 사람들이 소유권이라는 관념이 아예 없거나, 혹은 그런 관념이 희박하여 도둑질에 대한 관념도 희박하다는 사실을 간과看過하고 있는지도 모릅니다.

문명인임을 자처하는 선교사들은, 벌거벗고 살면서도 자기들이 벗었다는 관념이 없는 사람들에게 팬티를 입혀 성기를 가리게 하고, 도둑질이란 관념이 없는 사람들에게 도둑질이란 관념을 심어 주고 죄악감을 가지게 하는 데 아주 열심입니다. 아마 그들은 그들의 그런 행위가, 죄악 속에 살면서도 죄악을 모르고, 세례洗禮를 받지 않아 더럽게 버려진 영혼을 구원하는, 성스럽고 위대한 전도傳道 행위라고 생각하고 있을 것입니다.

그러나 죄의식 없이 살아가는 사람에게, 소유를 가르치고 죄의식을 갖게 하는 일이 과연 구원적救援的 행위일까요?

• 솔로몬 군도의 사람들이나 파푸아뉴기니의 사람들에게는 왜 도둑질이란 관념이 없거나 희박할까요?

그리고 이들을 가르치는 선교사들에게는, 왜 도둑질이 영혼을 망치는 죄악이란 관념이 넘쳐날까요?

도둑질이란 관념의 뒤에는, 소유所有라는 무서운 관념觀念이 있기 때문이 아닐까요?

도둑질이란 남의 소유를 몰래 가져온다는 말인데, 소유라는 관념이 없다면 도둑질이란 관념은 생겨날 수 없는 것이지요. 소유란 말 속에는 배타적排他的 지배支配라는 의미가 숨어 있습니다.

십계명이 도둑질을 죄악시하는 것은, 십계명이 인간에게 소유라는 배타적 관념이 고착된 이후에 만들어진 계명일 것이라는 사실을 말해 주는데, 성경에 나와 있다시피, 십계명은 타락한 유대인을 훈도하기 위하여 여호와가 모세를 통하여 보낸 계명으로, 천지창조 당시의 관념이 아닙니다.

즉 지독한 소유욕으로 타락한 사람들에게 필요한 도덕율이지요.

그리고 선교사들의 도둑질에 대한 관념은, 황야의 외로운 구도자求道者였던 '예수'라는 젊은이가, 이스라엘 땅 어느 산상山上에서 외친 "가난한 자는 복이 있으니, 천국이 저희 것이다."라는 말과는 묘한 대립對立을 느끼게 합니다.

가난한 자는 소유한 것이 없는 자를 말하는데, '예수'가 선언한 말의 앞뒤를 맞추어 보면, '가난한 자'는 '소유의 관념이 없어 욕심이 없는 자'로 보아야 할 것입니다.

왜냐하면 아무리 가진 것이 없어 찢어지게 가난해도, 그 마음에 가지고자 하는 욕망으로 끓는 한, 결코 '마음이 가난한 자'라 할 수 없기 때문입니다.

그래서 예수는 "천국은 소유욕으로 불타지 않는, 가난한 마음을 가진 사람들의 것이다."라며 외치고 다녔습니다.

그런데 소유란 관념이 없어 도둑질이란 관념조차 없는, 그야말로 가난한 영혼을 가진 이들에게, 도둑질과 그에 관한 계명을 가르쳐야 할 필요가 있을까요?

죄가 없는 곳에 들어가, 죄에 대하여 가르친다는 것은, 도리어 없었던 죄를 하나 더 가져다주는 꼴이 아닐까요?

물질에 대한 배타적排他的 소유所有 관념이 없는 사람이, 천국을 약속받는 가난한 자라는 말은 매우 아름답습니다.

그러나 이 말은 현실에서 매우 위험한 말이기도 합니다.

분별分別이나 소유욕에 불타는 마음을 죄악의 근원이라 설파한 이 위대한 구도자의 말을, 모든 죄의 근원이 되는 사적私的 소유所有를 없애고, 모든 부富를 평등하게 분배해야 한다는 정치철학으로 해석하여 대중을 선동할 수 있기 때문입니다.

그러나 모든 재화財貨가 개인의 노동으로 얻어지는, 낙원 추방 이후의 인간 삶에 있어서는, 이런 부富의 분배는 이루어질 수 없는 꿈이지요.

왜냐하면, 소유욕所有慾은 재화의 생산에 노동을 제공한 자가 가지는 일종의 보상 욕구이기 때문입니다. 우리가 도둑질을 나쁜 것이라고 하는 이유는, 그것이 남의 노동을 훔치는 일이기 때문입니다.

그러므로 노동의 제공 없이 재화를 얻는 에덴 동산 같은 세상이 아니면, 개인의 소유욕은 없어지지 않을 것입니다.

인간의 낙원 추방은, 인간의 피땀이 흐르는 노동의 세상을 말하는 것이고, 그래서 인간은 노동에서 해방되지 않는 한 소유욕을 버리지 못할 것입니다.

　인간이 노동에서 해방되지 않은 세상에서의 사유부정私有不定 이론은 허구이지요.

　결국, 도둑질이란 배타적 소유의 관념에 바탕한 것으로서, 소유욕이 강할수록 도둑질에 대한 죄악감도 클 수밖에 없다는 논리로 귀결됩니다.

- 천지창조에는 노동이 없었고, 그래서 소유욕이 없었으며, 그래서 도둑질에 대한 도덕율道德律도 필요 없었습니다.

　인간이 영원히 갈구하는 천국은, 노동 없이 재화를 얻는, 그래서 배타적 소유 관념과, 여기서 비롯되는 선악이나 애증, 염오의 분별이 없는 세상일 것입니다.

　'장자'의 이 말은 어떨까요?

　　샘이 마르면 물고기는 땅 위에 모여 서로 숨을 내쉬어 축축하게 해 주고 거품을 내어 적셔 줍니다. 그러나 이러한 서로를 위하는 행위가 아무리 아름답다고 한들, 강이나 호수에서 서로를 잊고 사는 것보다 못합니다.

　　泉涸, 魚相與處於陸 相呴以濕, 相濡以沫, 不若相忘於江湖.

　사람은 완전하게 창조되었으나 분별하며 타락했습니다.

　도덕율은 타락한 인간집단이 서로를 보호하기 위하여 관습慣習으로 만든, 마른 개천에서 물고기들이 서로의 몸을 축여 주기 위하여 내뿜는 포말泡沫과 같습니다.

마른 개천이 아닌, 한 바다에 사는 물고기에게는 서로를 적셔 줄 포말이 필요 없듯이, 완전한 생명 바다에 살아가는 사람에게는 포말과 같은 도덕율이 필요 없을 것입니다.

때 묻지 않은 천지창조의 생명 바다에 사는 저 군도의 사람들에게, 고기들이 서로를 적셔 주기 위하여 내뿜는 거품 같은 도덕율이 과연 필요할까요?

그냥 던져 두면 행복할 에덴 동산에, 그 창조의 바다에 선교사들이 괜한 짓 하고 있는 것이 아닐까요?

혹, 이브를 유혹하는 미소가 되지 않을까요?

GJ에게

　자네가 어떤 정치인을 보조하기로 하였다니, 나는 환호하며 반기네. 새 세상을 만드는 것이 자네의 포부가 아니었던가!

　아마 그때가 꼭 이때쯤이었을 것이네. 내가 자네가 기거하던 작은 암자를 찾았을 때, 자네는 나를 폐허가 된 어느 절터 앞에 서 있는 벚나무 아래로 데려갔었네. 하얀 벚꽃은 온 하늘을 가린 듯했고, 떨어지는 벚꽃잎은 마치 하얀 나비들이 날아다니듯, 봄바람을 타고 춤을 추고 있었네.

　마치 선경을 본 듯 지금도 내 눈에 선연하네.

　자네는 그때 무슨 사상적인 문제로 재판을 받고 출옥한 지가 얼마 되지 않았을 때였고, 그래서인지 자네가 세상을 보는 눈은 분노로 덮여 있었네.

　그 화사한 벚꽃이 만발한 세상과는 전혀 어울리지 않았다네.

　자네는 바람이 몰아온 검은 구름처럼 세상을 향하여, 권력을 향하여, 정치를 향하여 그리고 재벌을 향하여 기득권이라며 저주를 퍼부었다네.

당시 나는 자네가 부르짖는 정의를 이해했네. 왜냐하면 나도 자네처럼 가난했고, 제한된 정보 속에 살았으며, 자네만큼 통제를 싫어하였으며, 평등이라는 이상理想을 사랑하였기 때문이었네.

우리들 부富의 불평등이 어느 특정 집단의 착취 때문이라는 불평에도 동의했었네.

당시 나는 세상을 다 아는 것처럼 떠들었지만, 다른 사람들이 만들어 놓은 논리의 틀에 맞추어 세상을 해석했고, 경험이 매우 일천했음을 인정하지 않을 수 없네. 자네는 그렇지 않았다고 해도 탓할 생각은 없네.

나는 누구보다 러시아 혁명과 동학 혁명을, 톨스토이와 체호프를, 그리고 사르트르를 좋아했다네.

아! 찬 바람 속에 체리꽃이 필 때면, 나는 홀린 사람처럼 바람이 불어오는 강변을 걸으며 새 세상과 혁명을 생각했다네.

하지만 자네를 조금 안다는 생각에, 몇 가지 말하려 하니. 부디 이해해 주게.

자네의 분노는, 자본이 노동을 착취하고, 우리 사회 기득권이 정치적 목적으로 정보를 조작 생산하고, 그 정보가 보수적 언론에 의하여 의식화되지 않은 우중愚衆들의 절대적 지지를 받으며, 경제집단은 외국의 수탈적 자본에 기생하여 돈을 버는 더러운 반민족적 집단이며, 우리 기업이 아무리 돈을 벌어도 우리 경제는 제국주의 식민 경제의 하부 구조에 불과하며, 정치 권력은 권력의 유지를 위하여 여전히 남북 관계를 긴장 관계로 몰아가고 있다는 것이었네.

부디 부탁하는 바이니, 자네는 절대 그런 기득권으로 타락하지 않겠다고 맹서해 주게!

 아마 자네는 지금도, 우리의 현실이 실제 그러했든 말든 그렇다고 생각하고 있을 것이네.

 왜 그렇게 생각하느냐고? 그렇게 생각해야 자네의 신념이 유지될 수 있을 테니까!

 그러한 신념은 자네가 청춘을 바친 정결한 여신女神이 아니던가? 또한 자네를 우월하게 만들고, 그래서 자네를 겁 없게 만들어 정치권력과 끊임없이 투쟁하게 만든 힘이 아니었던가!

 아마 자네는, 자네가 원하는 정치집단이 권력을 잡지 않는 한, 세상이 아무리 변화하여도 그 신념을 버리지 않을 것이네. 왜냐고? 당신이 바로 절대선絶對善이니까! 만약 그런 생각을 바꾼다면 자네는 그것을 변절로 생각할 것이고, 변절은 죄악이나 배신이 될 것이니 말이네.

 그것이 지금까지 자네를 지탱해 온 앎이었고, 삶은 바로 앎의 행위가 아니던가!

 자네에게 묻고 싶은 말이 있네. 인류의 역사가 시작된 후, 단 하루라도 완전한 세상이 있었던가? 또한 단 하루도 완전하지 않은 세상이 있었던가? 과연 완전함과 불완전의 차이는 객관적 현실에 있는 것일까? 아니면 관념에 있는 것일까?

 대체 자네가 만들고자 하는 완전한 세상이란 어떤 것인가?

 어느 세상이든 단 하루라도 물질적으로 완전히 평등한 삶을 실현한 세상을 보았던가? 또한, 물질적 평등이 과연 삶의 평등이 될 수 있을까? 물질의 추구가 삶의 목적이 될 때만이, 물질적 평등이 삶의 평등이 될 수 있을 것이네. 그러나 삶의 주인은 영혼이고, 영혼은 물질만을 목적으로 살 수 없는 것이네.

 물질은 영혼이 삶을 경험하는 하나의 수단일 뿐이네.

우리가 추구할 수 있는 평등은, 신분적 평등과 기회의 평등이 아니던가? 아! 자네는 또 그 기울어진 운동장 이야기나 신자유주의를 이야기하겠지. 그러나 인류의 시작은 빈손이었고, 우리는 오랜 식민지 시대와 전쟁으로 모든 것이 파괴된 폐허 속에서, 모두 빈손으로 출발했네. 그리고 모두 분발하여 달려온 결과가 오늘의 현실이네. 모두가 최선을 다한 결과이네.

그리고 오늘의 이 기득권은, 어제는 빈손이라고 아우성을 치던 사람들이었고, 호구를 염려하던 사람들이었네.

자네는 평등이라는 구호로 수천만 명을 학살하며 만들어진 나라가, 지금은 부富가 가장 불평등한 국가가 되고, 권력이 개인에게 집중이 되고, 체제는 전체주의화된 현실은 어떻게 생각하는가?

어떤 세월을 산 사람들이든, 그들이 산 세월이 말세末世가 아닌 세월이 있었으며, 그들을 구제할 메시아의 출현을 기다리지 않은 세월이 단 하루라도 있었던가?

그리고 구舊 권력을 몰아낸 새로운 권력이, 그들이 추구하는 정의正義라는 도그마에 빠지지 않은 것을 단 한 번이라도 본 적이 있는가?

상대를 증오하는 권력은 바로 자기 증오에 빠져 있다는 사실을 자각하지 못하며, 그것을 우리는 독재라 불렀었네.

사실 독재자는 자기 생각과 행위가 가장 정의롭다고 생각하는 확신범確信犯이 아니던가!

또 묻고 싶네. 자네는 자네의 논리가 다른 논리를 배제할 만큼 우월하다고 생각하는가? 그 근거가 과연 상대적인 것이 아니고 절대적인 것인가? 상대적이 아니고 절대적이라면 그 근거는 무엇인가?

상대적인 것이라면 입장 차에 불과한 것이니, 입장이 다른 자들이 서로 다투는 것은 권력욕에 불과한 것이 아닌가?

이 세상의 논리에 과연 절대적인 것이 있던가?

아마 그런 것이 있다면 개시종교開示宗敎의 가르침뿐이겠지. 그들만의 절대진리絶對眞理 말이네.

사회과학적 이론이든, 정치이론이든, 종교이론이든 절대론絶對論에 대하여 자네는 환멸이 없는가? 자네가 평생 싸운 대상이 바로 그런 권위로 무장된, 아집에 가득 찬 정치 권력이 아니었던가?

내가 자네에게 이 말을 하는 이유는 단순하고 순수하네. 앎은 경험에서 얻어지는 것이며, 경험은 사회적 산물이므로, 사회적 경험이 변화하면 앎도 변화하는 것으로, 우리는 그것을 진화라고 불렀네.

만약 자네가 사회적 변화에 따른 앎의 진화가 없다면, 자네는 자네가 만든 도그마에 빠져 있다는 것을 반증하는 것으로, 자네가 늘 변하지 않는 색깔의 안경을 끼고 사회적 경험을 한다는 말이 되네.

자네의 마음에 일고 있는 분노의 불길이, 자네의 눈을 가린 사상적 안경에서 만들어지는 것이 아닌지 살펴보기 바라네.

만약 그런 것을 벗어 던지지 않으면, 앎은 영원히 진화를 중단해 버릴 것이네.

사상思想은 어느 집단이나 개인의 경험에서 만들어지므로, 누구에게나 보편성을 획득하는 것은 아니네. 그러므로 그것은 다만 수용하는 자에게 영향을 끼치는 힘에 불과한 것으로 절대성이 없네. 그러므로 모두에게 수용을 강요하는 것은 죄악이네.

그것이 아무리 자네의 마음을 뒤흔드는 위대한 것으로 보일지라도, 그래서 자네를 감옥으로, 그 위선과 음모가 뒤끓는 험난한 정치 바닥으로 끌고 다니든, 그것은 자네가 수용한 사상적 안경에 불과하네.

세상이 아무리 변해도 자네의 논리는 변화가 없을 것이네. 왜냐고? 자네는 지금 자네가 쓰고 있는 사상적 안경을 통하여 세상을 보고 앞으로도 그 너머의 세상만을 볼 테니까!

　지금 자네가 누리는 물질적 풍요는, 자네가 증오했던 독재 권력이 만든 과실인 것은 부인할 수 없을 것이네. 어쩌면 우리는 그 물질적 풍요가 주는 안락함 속에서, 공상적 사회주의를 동경하고 있는 것이 아닌가 의심해 보네. 왜냐하면 그런 꿈에서 시작된 사회주의 국가는 모두, 전체주의 체제와 새로운 계급을 탄생시켰고, 인민을 가난과 구금 속으로 몰아넣었기 때문이네.

　그 안경을 쓰고 있는 한, 자네는 이 사회 속에서 끝없이 새로운 차별과 새로운 불평등을 찾아 나서게 될 것이고, 그것을 자네는 혁명이라고 부를 것이네. 혁명은 체제體制의 전복을 말하는 것이므로, 그렇다면 자네는 이 체제의 전복이 목적일 것이네.

　자네가 그 안경을 벗어 던질 때, 그때에야 자네는 누군가의 눈을 통하여 본 세상이 아닌, 자네의 맨눈으로 직접 사회의 부조리를 보고, 자신의 목소리로 싸우는 진정한 의미의 투사가 되리라 생각하네.

　만약 그런 사상이 없다면, 무엇으로 세상을 분석分析하고, 정의의 기준을 정하느냐고?

　세상을 분석하고 기준을 정하는 것은, 삶을 어떤 형식 속에 가두어 통제하는 것이네. 삶은 영혼의 모험이며, 정을 나누며 희로애락을 경험하는 여정이네. 그러므로 삶은 누군가가 통째로 정의定義할 수 없는 극히 개인적인 것이네.

　왜냐하면 개인은 누구나가 독존적獨尊的 존재로서, 남과는 차별된 경험을 위하여 이 세상에 나왔기 때문이네.

　우리는 자유롭게 삶을 경험하며, 그 경험을 통해 삶을 이해하고 현명해지는 것일 뿐이네. 그래서 존재와 삶에 대한 더 깊은 이해를 얻는 것이 우리의 세상살이가 아니던가?

사람이 어떤 기준을 정할 때, 그는 독존적獨尊的 자유를 잃거나, 독단에 빠지고 말 것이네. 기준이란 것이 원래 사고의 획일劃一성을 요구하는 것이 아닌가.

인간이 삶을 통하여 얻은 보편적普遍的 가치를 우리는 정의라 부르네. 유일한 정의가 있다면, 사람들이 자유롭게 꿈꿀 수 있게 하고, 그 꿈을 사랑해 주는 것이네.

어느 날 아침, 자네가 안경을 벗고 맨눈으로, 아무런 전제前提 없이 이슬을 맞고 핀 꽃을 보고, 담장을 넘어 들려오는 아이의 천진난만한 웃음소리를 들을 때, 문득 세상을 움직이는 것이 위선과 협착狹窄과 오만한 정치 권력이 아니라, 또한 그들에게 증오를 퍼부으며 그들의 권력을 뺏으려는 투쟁이 아니라, 연민과 안타까움과 사랑이었다는 것을, 그러한 삶은 자네가 논리로 평가하기 이전에, 이미 그 자체로 완전한 것이었음에 눈뜨기 바라네.

조금 전 나는 소동파의 〈적벽부赤壁賦〉를 읽었네.

소동파는 친구와 같이 물안개 피어오르는 장강에 배를 띄우고 술을 마시는데, 친구는 피리를 불며 한탄하기를, 일세의 영웅 조조는 장강에 천 리에 꼬리를 무는 배를 띄워 그 깃발이 하늘을 덮었고, 뱃전에 술을 마시며 창을 비껴들고 시를 지어 사뭇 장부다운 기상이 있었는데, 자기는 쪽배를 타고 어부처럼 살아가고 있으니 서글프기 짝이 없다고 한탄하며, "우리 인생의 덧없음이 슬프고 장강의 무궁함이 부럽도다."라고 하자, 소동파는 친구의 한탄에 대꾸하기를, "세상의 일은 변한다는 관점에서 보게 되면 천지간에 한순간도 변하지 않는 것이 없지만, 불변의 관점에서 보게 되면 만물과 나는 영원한 것이라, 그러니 무엇을 부러워하리오." 하였다는 내용이네.

세상사는 이처럼 보는 관점에 따라 다르다고 보네.

자네의 안경을 벗어 던지고, 안경 밖의 실세 세상을 볼 때, 그때에야 자네는 사람들의 앎이 성장하면서 만들어 가는 더 큰 세상의 흐름을 볼 수 있을 것이며, 그래야 비로소 더 진화된 앎을 획득할 수 있을 것이라 믿네. 예정되거나 미리 설정된 기준이나 논리 없이, 앎과 지성知性의 성장에 따라 자연스럽게 변화하는 사회 말이네.

그러나 자네는 자네 자신이야말로 '사회에 눈뜬 자'라고 말하겠지. 그러나 나는 지금 그것을 말하고 있는 것이네.

삶은 어느 개인의 경험으로 만들어진 논리로 형성된 사상으로 검증하거나 평가하는 대상이 아닌, 다만 자유롭고 치열하게, 그리고 아름답게 살아 내는 참으로 다양한 현실일 뿐이네.

지극히 고매高邁한 인격은, 그래서 자칫 자아도취적 아만에 빠질 우려가 있다네. 자네는 부디 경계警戒에 부지런하기를.

빈방

아들은 19살 이후에는 방학 때나 이 방에서 기거하는 것이 고작이었다. 그래서 이 방은 늘 비어 있었고 불기가 없어 냉기가 흐르는 방이었다. 어쩌다 아들이 온다는 기별이 오면, 그제야 보일러가 켜져 온기가 돌기 시작했다.

아들이 큰다는 것은, 자기 장래를 싣고 다닐 날개를 키우는 몸부림 같은 것, 나는 지켜볼 수밖에 없었다.

아들에게 결혼할 여자가 생겼다.

집으로 데려와 인사를 시키더니 드디어 결혼할 여자라고 선언했다.

내가 상상해 온 며느리가 될 아이에 대한 모습이 없었을까? 지하철을 타면 어쩔 수 없이 맞은편 사람과 마주 보게 되고, 어떨 때는 젊은 아가씨들을 마주 보게 된다. 그때 깨끗하고 알맞은 체격을 갖춘 아가씨를 보면, 내 아들의 짝으로 참 좋겠다 싶은 생각이 들었고, 아들이 저런 아가씨를 데려왔으면 하는 생각도 했다.

나는 아들에게 "그 아가씨가 좋더냐?"라고 물었다.

물론 좋아서 데려와 인사를 시켰을 것이므로 이 물음은 매우 어리석은 것이었다. 아들에게는 "더 좋은 아가씨는 없더냐?" 하는 말로도 들릴 수 있었기 때문에 나는 그 말을 후회했다. 그러나 조금 후련했다. 누구나 아버지의 마음에는 눈먼 욕심이 있을 것인데, 누가 그 마음을 비난할 수 있을까?

아들이 데려온 아가씨를 혼인할 여자로 마음먹었을 때, 나는 빨리 결혼식을 올릴 것을 요구했다. 결심한 이상 늦출 이유가 없었다.

평소 속을 썩인 적이 없는 아들은 나의 이 말에도 순종했다.

아들과 나는 혼인식에 입고 갈 양복을 새로 맞추기로 했다. 나는 구태여 새로할 것이 없다고 했지만, 아들은 새 양복을 맞출 것을 권했다.

새 양복을 맞출 양복점은, 아들이 근무하는 직장이 있는 도시와 내가 사는 도시의 중간에 있는, 며느리가 될 아이의 고향이기도 해서, 혼인예식을 하기로 한 식장이 있는 도시의 양복점이었다.

그래서 아들과 나는 그 중간 도시의 양복점에서 만나, 옷감을 고르고 치수를 쟀다. 그 2주 뒤에는, 다시 그 도시의 기차역에서 만나 같이 양복점으로 가 가봉을 했다.

양복점을 나와 식당을 찾는데, 나는 국밥을 먹자고 하고, 아들은 다이어트 때문에 국물 음식은 피한다고 한다.

나는 소리를 지른다. "네가 다이어트를 왜 하나? 그만하면 됐는데…."

아들은 그냥 웃었고, 우리는 중국음식점으로 갔다.

나는 기차역에서 아들과 헤어지면서 물었다.

"넌 그 애가 편하더냐?"

"아, 그렇지! 편안하지!"
아들은 너무도 당연한 것을 묻는다는 듯 얼른 대답했다.
"그래? 그럼 됐다!"
나는 나대로, 이 결혼에 대한 나의 마지막 마음 결정을 해야 했다. 그래서 아들로부터 이 결혼에 대하여 조금도 회의가 없는지 확인하고 싶었다. 아들의 대답에 나는 안도했다.

그러나 아들이 이 말을 하자, 이제 정말 아들이 그를 싣고 갈 날개를 다 키웠고, 그래서 그 날개로 날갯짓하며 내 곁을 떠나려 하고 있다는 것이 새삼 실감이 났다. 섭섭함과 허전함이 가슴 저 밑바닥을 점령하며 서서히 밀려왔다.

아들이 한참 클 때도 마음껏 놀아 주지 못했고, 19살이 된 후로는 아들이 멀리 떨어져 있었다. 그래서 나는 늘 마음으로 아들과 대화를 했고, 아들이 언젠가 집으로 돌아와 같이 살게 될 것이므로, 잠시 떨어져 있는 것이라 생각했다. 그래서 아들이 곁을 떠나 있어도 떠나보냈다는 생각이 없었다.

집으로 돌아오는 길에는, 노란 은행잎이 수북이 쌓여 있었다. 나는 은행잎을 밟으며 이미 어두워진 길을 걸었다.

무슨 일일까? 꼭 무언가를 잃고 집으로 돌아오는 느낌이었다.

아들이 어릴 때, 그 어린 아들과 같이 걸을 때가 생각났다. 매달리고 뛰고, 자지러지게 웃어대던 어린 아들의 모습이 떠올랐다. 갑자기 그 시절에 대한 그리움이 내 가슴으로 뛰어 들어왔다.

"이제 다시는 그런 행복한 시절이 돌아오지 않겠지…."

그 시절은 흘러가 버렸으므로, 아쉬움과 그리움으로 내 마음에만 살아 있을 것이다. 어쩌면 나는, 그때를 생각할 때마다 그립고 아쉬워서 눈시울이 젖을 것이다. 그 시절은, 내가 이번 생을 살며 가꾼 화단에서 꽃이 피어나던 시절이었으나, 그때는 그렇게 아름답고 소중한 시간인 줄을 몰랐다.

'꼭 다시 한 번 더 그런 시절이 와 봤으면! 그러면 같이 마음껏 뛰놀고, 더 마음껏 마음을 표현할 수 있을 텐데!'

아프고 진한 아쉬움이 몰려왔다.

그 많은 관심 중 어느 일부도 표현해 주지 못한 것이 사무치도록 후회되었다. 나는 아들을 훈육한답시고 아들을 만나면 다그치기만 했다. 온갖 것을 요구하기만 했다. 아들은 그런 나를 받아 주었다.

'과연 내가 아들을 아끼고 사랑하기는 했는가?'

눈이 뿌옇게 흐려 와서, 노란 은행잎들이 퍼즐을 흩어 놓은 것처럼 어지럽게 보였다. 길을 분간하기 어려워 나는 잠시 어둠 속에 멈추어 섰다.

'이제 다시는 아들과 같이 이 길을 걸을 일이 없겠지….'

나는 아들이 등교할 때 걷던 육교와 길가 가로수를 바라보았다.

어린 아들이 책가방을 메고 육교를 달려가는 모습이 선연했다. 얼마나 행복했던가! 어떤 행복했던 순간들이 아들이 내게 주었던 행복과 비견될 수 있을까? 나는 그 순간들을 왜 아무것도 아닌 일상처럼 그냥 흘려보냈을까? 왜 항상 나중에 더 좋은 때가 오겠지, 그때 하면 되겠지 하며 미루기만 했을까?

그러다 아무것도 하지 못하고 오늘에 이르지 않았는가?

어둡고 냉기가 흐르는 아들의 방에 섰다.

빈방은 오늘도, 아들이 와서 불이 켜지고 보일러가 돌아가고, 키 큰 아들이 아침 늦게까지 침대에 누워 게으름을 피우기를 기다리고 있었다.

나는 문을 닫고 방 앞에 섰다. 거실은 마치 해거름 겨울 들녘처럼 어둡고 황량했다.

　문득 내가 아들이 이 집으로 돌아오기를 얼마나 기다려 왔는지, 그 기대를 나는 마치 종잇장처럼 구겨서 마음 구석에 묻어 두고, 아무렇지도 않은 것처럼 지내 온 사실을 발견했다.

　아들이 집에 없으면 마치 불 꺼진 방처럼 어둡고, 아들이 온다고 하면 불이 켜져 밝아지는 것이 내 마음이었다.

　아들이 게으름을 피우고, 나는 빨리 일어나라고 다그치고, 그래서 그런 재미가 한없이 채워지기를 기다리는 나의 마음이 바로 빈방이었다.

　아들이 결혼하면 이 방은 더 이상 기다릴 사람이 없어질 것이다. 나의 이 마음의 빈방도 그럴 것이다. 설사 아들이 온다고 해도, 아들의 마음에 있는 방은 여기가 아니고, 자기 처가 기다리는 집의 방일 것이다.

　이제 아들은 이 방을 그냥 쉬어 가는 방 정도로 생각하고, 그를 기다리는 방으로는 생각하지 않을 것이다.

　나는 아마, 지금까지 아들에게 이 빈방 같은 존재였을 것이다. 언제든지 달려와 쉴 수 있고, 마음껏 게으름을 부릴 수 있는 방, 그러나 아들에게 다른 방이 생기면 이 빈방이 버려질 것이듯, 나도 아들이 가끔 쉬다 가는 방이 될 것이다. 시간이 지나면 나의 이 아픈 마음은 아물 것이고, 아들은 아들이 빈방 같은 존재가 될 그의 아들을 가질 것이다.

　그때 아들은 지금의 나의 마음을 한 번쯤 생각해 볼 수 있을 것이다.

　슬퍼해서는 안 될 일을 슬퍼하는 어리석은 정情에 대하여, 이런 어리석은 후회로 점철되는 삶이란 여행에 대하여….

마종탁 여사의 하나님

유년 시절, 내가 새벽의 까만 정적이나 이른 아침의 설렘과 친할 수 있었던 것은, 새벽마다 울리는 교회의 은은한 종소리 때문이었습니다.

어머니는 교회의 새벽 종소리에 깨어나 서벅거리며 부엌으로 나가고, 어쩌다 종소리에 일찍 잠을 깬 나는, 하루 놀 일을 계획하며 아침을 기다렸습니다.

그리고 햇살이 게으르게 기어오르는 대청마루에 누워, 할 일 없이 지붕 서까래를 헤아리는 일요일 오전에도, 교회의 종소리는 어김없이 은은하게 울렸지만, 나는 교회에서 무엇 때문에 그렇게 종을 치는지 잘 몰랐습니다. 그것을 안 것은 아마 7~8세가 되면서였을 것입니다.

어느 일요일 아침, 나는 예수쟁이였던 고모님을 따라 교회에 가게 되었는데, 흰 광목저고리와 까만 치마를 입은 조그마한 여자가 높은 종탑에 걸린 종을 치고 있었습니다.
 작은 몸집 때문이었는지, 종을 치는 것이 마치 종머리를 묶은 줄에 매달려 있는 것처럼 보였는데, 그 안쓰러운 몸짓과는 달리 종소리만은 평온하고 낭랑했습니다.
 나는, '아하! 그 까만 새벽마다 종소리를 실어 보내는 사람이 바로 저 사람이구나. 저 쪼그만 여자가 그 종소리를 만들어 보내는구나.'라는 생각에 내심 몹시 반가웠습니다.
 종탑 밑에서 한참을 놀고 있을 때, 예배당 안에 계시던 고모님이 밖으로 나와 종을 치던 여자에게, 예배시간이 되어 간다면서 "귀현네! 종칠 시간이네."라고 하여, 그제야 나는 교회에서 그냥 할 일 없이 종을 치는 것이 아니라, 예배시간을 알리기 위해서 종을 치는 것이라는 것을 알게 되었고, 종 치는 여자가 '귀현네'라는 것도 알게 되었습니다.
 그리고 내가 새벽 종소리에 깨어, 어떻게 하면 하루를 재미있게 노나 하는 생각에 골몰하고 있을 때, 교인들은 종소리를 따라 교회로 나온다는 것도 알았습니다.
 나는 그 뒤부터 새벽을 깨우는 종소리를 들을 때마다, 깜깜한 어둠 속에서 혼자 종을 치는 귀현네를 떠올리게 되었습니다.
 그 후, 가끔 하굣길에 시장 앞에 늘어선 채소 가게 앞에서 귀현네를 보았는데, 귀현네는 내가 볼 때마다 흰 저고리에 까만 치마 차림이었고, 채소전 앞길을 청소하는 잡일을 하거나 시래기를 줍는 일을 하고 있었습니다.
 내 눈에는 귀현네가 항상 작고, 초라하고, 가난한 여자였습니다.
 언젠가 한여름에 아이들과 읍내에서 떨어진 강에 미역을 감고 돌아오다, 목이 말라 우물이 있는 어느 집에 들어갔다가 우연히 귀현네를 보게 되었는데, 당시 귀현네는 손에 작은 성경책을 들고 마루에 꿇어앉아, 방문을 열어 놓은 방을 향하여 열심히 기도를 하고 있었습니다.

귀현네 집은, 집 모퉁이 부분을 칸막이로 분리하여 만든 것으로, 방 하나에 궁둥이 하나 걸치면 딱 맞을 마루, 그리고 마루 밑의 부엌이 전부였습니다.

귀현네는 그 작은 마루를 얼마나 정갈하게 닦았는지 반들반들하게 윤이 나고 있었습니다.

내가 귀현네를 생각할 때는, 늘 교회와 종탑, 그리고 채소전이 떠올랐으므로, 귀현네를 읍내에서 떨어진 강가의 외진 어느 집에서 만났다는 것이 생소하였고, 이 외진 곳에 사는 사람이 새벽에 그 먼 곳에 있는 교회까지 가서 종을 친다는 것이 어색해 보였습니다.

그곳에서 교회에 가려면, 고개를 두 개나 넘어야 하였으므로, 어린 나로서는 무척 먼 거리로 느껴질 수밖에 없었습니다.

방 안에는 머리가 긴, 여위고 창백한 어떤 여자아이가 천장을 보고 누워 있었고, 귀현네는 그 여자아이를 위하여 무릎을 꿇고 기도하고 있었던 것입니다.

내가 스무 살쯤 되었을 한때 교회에 다녔는데, 당시 『전원 교향곡』 같은 소설을 읽어서 그랬는지, 교회가 소설 속의 한 장소처럼 낭만적으로 느껴지던 때였습니다.

귀현네는 여전히 흰 저고리에 까만 치마를 입었고, 교회에서 종치고 청소하는 사람이었습니다.

그런데 예배 중 목사님이 "자, 통성으로 기도합시다."라고 할 때마다 그 시간을 몹시도 기다렸다는 듯이, 울부짖음과 같은 기도 소리가 여자들이 앉는 자리 쪽에서 들려왔는데, 곧장 울음을 쏟을 것 같은 절박한 기도였습니다.

얼마 안 가, 나는 귀현네의 본 이름은 '마종탁'으로서, 교회 식으로 점잖게 '마종탁 여사'라고 불러야 한다는 것도 알았습니다.

'귀현네'는, 고모님처럼 나이도 들고 권위도 있는 사람이 부르는 그녀의 호칭이었습니다.

교회 사람들은 때때로 마종탁 여사의 아픈 딸아이를 위하여 심방尋訪을 하였는데, 심방을 다녀온 고모로부터 들은 바에 의하면, 마종탁 여사는 척추가 마비되어 몸을 움직이지 못하는 딸아이를 20여 년간이나 혼자서 수발하여 왔는데, 그 딸아이가 쇠약해져 더 이상 버티지 못할 것 같다는 것이었습니다.

나름대로 굴곡 많은 인생을 산 고모님은, 귀현네가 딸아이 하나를 두고 남편과 사별하였고, 지금까지 송곳 하나 꽂을 땅이 없는 가난한 살림으로, 척추가 마비된 딸아이를 방바닥에 눕혀 놓고 키웠고, 딸아이 하나 살리겠다는 일념으로 하나님에게 매달려, 평생을 새벽 종치기며 교회 청소를 도맡았고, 생계는 채소전 청소로 번 돈으로 해결하여 왔다는 이야기를 하며, "신심信心은 돈독하지만 팔자가 기박한 여편네!"라고 눈시울을 붉혔습니다.

나는 그제야, 어머니와 나를 깨운 새벽의 종소리가, 마종탁 여사가 딸아이를 살리기 위한 애절한 기도를 실어, 하나님에게 필사적으로 매달리는 심정으로, 그 작은 체구로 혼신의 힘을 다하여 친 종소리였다는 사실을 알게 되었고, 비로소 종소리의 진정한 비밀을 알아낸 듯했습니다.

그리고 비로소 교회가 소설 속의 낭만적인 장소가 아니라, 구차하고 치열한 삶의 또 다른 현장이라는 것도 알게 되었습니다.

그해 겨울, 교회의 사람들은 마종탁 여사의 딸의 시신을 교회 묘지에 묻었고, 그다음 일요일 예배시간에는, 목사님의 마종탁 여사를 위로하는 긴 기도도 있었고, 통성기도 시간도 있었으나, 을씨년스럽던 마종탁 여사의 기도 소리는 없었습니다.

그리고 언젠가부터 교회에서 마종탁 여사를 볼 수 없었고, 마종탁 여사가 사라지자, 교회의 그 은은하던 종소리도 사라지고 차임벨 소리가 종소리를 대신하게 되었습니다.

그 후 많은 세월이 흘렀으나, 그 사건은 나의 뇌리에 남아, 신앙의 본질에 대한 의문으로 거침없이 제기되곤 했습니다.

'아브라함의 하나님'은, 별로 갈 생각도 없는 '아브라함'을 가나안으로 데려가 하늘의 별처럼 많은 자손을 주었다고 하지만, 마종탁 여사의 하나님은 그녀의 불쌍한 딸아이 하나 살려 주지 않았습니다.

나의 회상에 의하면, 그녀는 종치기, 기도, 예배, 청소가 일과의 전부였던 세속世俗의 수도자修道者였습니다.

그러나 그녀의 하나님은 그녀를 거들떠보지도 않았던 것입니다.

나를 잡고 있었던 의문은, 그녀의 단순하고 열정적인 신앙은 어디에서 비롯된 것이며, 왜 갑자기 딸의 죽음과 함께 교회를 떠났는가 하는 것이었습니다.

그러한 의문은, 그 얼마 후 교회를 떠난 나의 방황과 무관하지 않았던 것입니다.

마종탁 여사에게는, 현실에서의 삶뿐만 아니라 영혼까지도 그녀에게 의지하던 불쌍한 딸이 있었고, 그 딸은 마종탁 여사에게서 가장 절박한 현실이었습니다.

시장 바닥을 청소하거나 시래기를 주워서 때우는 생계의 문제보다, 딸의 문제는 더 절박하고 근원적인 현실이었을 것입니다.

그리고 그녀가 해결할 수 없는 치료비와 의학적 한계에 절망한 그녀는 종교적 신비神秘에 집착하였을 것입니다.

가난한 그녀는, 수도자와도 같은 단순하고 검박한 삶을 하나님에게 바치면서 처절한 현실을 위로받았을 것이고, 또한 그 헌신에 대한 보상으로 딸을 살리는 신비적 체험도 바랐을 것입니다.

그러나 가장 절박한 현실이었던 딸이 사라지자, 그녀는, 그녀의 가슴에서 무지개처럼 사라지는 그녀의 하나님을 발견하고는 의아했을 것입니다.

그녀의 하나님은, 그녀가 가진 절박한 현실의 그림 위에 덧칠해진 그림이어서, 바탕인 현실의 그림이 지워지자, 그 위에 덧칠해진 하나님도 함께 지워지고 있었을 것입니다.

하나님이 그녀에게 그토록 절실하였던 것은, 바로 그녀의 현실에서의 문제가 그만큼 절실하였기 때문이었고, 그녀의 하나님은 그녀의 절박한 현실이 만든 무지개일지도 모른다는 의문을 가졌을 것입니다.

그리고 딸의 죽음이, 그녀가 매달렸던 문제를 가져가 버리자, 그 문제를 풀기 위하여 매달렸던 하나님도 그녀의 손을 놓고 무지개처럼 사라져 버렸을 것입니다.

딸의 죽음과 함께, 자기의 가슴에서 사라져 가는 하나님의 존재를 느끼며, 마종탁 여사는 자기의 하나님이 살아 있는 하나님이었는지, 마종탁 여사 자신이 만든 허구虛構의 하나님이었는지의 여부를 가지고 고민했을 것입니다.

하나님이란 존재는, 나나 마종탁 여사에게나, 누구로부터 들어서 아는 존재이지, 경험하여 인지認知한 존재는 아니었으니 말입니다.

결국 마종탁 여사는, 그녀의 하나님은 절망을 극복하는 신비적 대상으로 자신이 만든 관념觀念이었던 것을 발견하고 교회를 떠났거나, 혹은 그러한 의문에 대한 답을 구하기 위하여 또 다른 길을 떠났을 것이라는 것이 나의 생각이었습니다.

그녀를 어느 기도원에서 보았다는 사람도 있었고, 어느 절에서 공양주를 한다는 소문도 있었습니다.

그 소문은 내게 아주 자연스러운 일처럼 느껴졌습니다.

사람은 절망할 때마다 그것을 극복하는 새로운 생각을 해 내며, 그래서 참으로 절실할 때 자기의 하나님을 만난다는 것을, 나는 마종탁 여사의 삶에서 보았기 때문입니다.

선운사 동백꽃을 보셨나요?

• "이봐요 문형! 선운사는 동백꽃 빛깔에 바람조차 붉답니다."

이 말은, 낙엽의 색깔을 실은 바람에 묻어와 내게 전해졌고, 그날 이후 나는 천지가 동백꽃 붉은 빛깔로 물들어 바람조차 붉은 선운사 골짜기의 환상으로 지새게 되었다.

그래서 나는, 한시라도 빨리 그 선운사 골짜기로 달려가고 싶어서 안달을 하였고, 마침내 나처럼 젊지도 늙지도 않은, 어중간한 동년배 사람을 설득하는 데 성공했다.

그러나 종내, 숫기만 풍기는 우리 남정네들만 갈 것이냐, 아니면 여자를 동반해야 하는지에 대한 고민에 빠졌는데, 내가 설득한 두 양반은 꼭 어부인을 동반해야만 여행이 가능하며, 거기다 평안하기까지 할 것이라며, 내게도 꼭 그렇게 하도록 권했다.

생각건대, 선운사 동백꽃은 내게서 잊혀 가는 산과 꽃에 대한 꿈을 일깨웠고, 아득한 사춘기의 달콤한 낭만을 그립게 했다. 이는 쓸데없이 나이만 먹어 가면서 체면이나 의무만 가득히 짊어지고 하루하루를 같은 쳇바퀴만 돌리면서 살아가는 일상에의 탈출을 의미하는 것이었다.

그래서 나는, 이 제안에 내심 반발했다. 가장 큰 현실의 실체로서, 돈타령이 18번인 여자들과 같이 과거의 꿈속으로 회귀하는 것은 불가능하다고 생각했기 때문이었다.

그러나 이를 내색할 수는 없었다. 그런 내색은 곧 우리 집의 '넝쿨째 호박' 님께 전해질 것이 분명하고, 그렇게 되면 나만 "주제에 가당찮은 개꿈을 꾸는, 불량하고 한심한 남자"로 지탄될 게 뻔했기 때문이었다.

내가 이만큼이나마 먹고사는 것이, 그나마 가진 것이라고는 복福밖에 없는 사람이 빈집에 "넝쿨째 호박이 굴러 들어오듯" 들어왔기 때문이라는 강변強辯을 노래처럼 들어온 터였다. 이는 거대한 현실이며 거부할 수 없는 벽이었다.

나는, 나의 동행자 두 사람의 운명도 나와 별반 다르지 않다는 사실을 알고는, 한편으로는 위로받고, 또 한편으로는 연민을 느꼈다.

이들 역시, 현실의 벽을 안고 피안彼岸을 꿈꿀 수밖에 없는 소시민들이었다.

- 1997. 12. 14. 아침 10시, 우리는 눈부신 푸르름을 안고 '넝쿨째 호박' 님들을 모시고 선운사로 향했다.

자유와 희열은 없을지 모르나, 마음만은 봄날 개 낮잠처럼 편안한 출발이었다. 출발 때 우리는, 남자 셋과 여자 셋이 각 한 대의 차량에

탑승하도록 고려했다. 그래야만 입이라도 자유로울 수 있기 때문이었다. 여자들은 남자들에 대하여 참으로 할 말이 많을 것이고, 남자들도 마찬가지다. 그러나 이를 직접 서로에게 이야기하면 판이 깨지고 만다. 세상을 제법 살고 나면 이만한 지혜는 저절로 생기게 마련이다.

우리는 순천에서 점심을 먹기로 했으나, 내친김에 바로 그날 오후 3시경 선운사에서 그리 멀지 않은 '탑골'이라는 음식점에 차를 세웠다. 브로크에 슬레이트를 얹은 집이나, 넓은 마당에는 달리아까지 피어 있어, 마치 60년대 시골집 같은 정감情感이 있었다.

선운사 근방에는, 뱀장어와 무슨 원한 맺힌 사연이 있는지 뱀장어 요릿집이 지천이다.

"머슨 놈으로 할라요?"

"장어 6인분만 주이소!"

"6인분 하라구라?"

"예!"

"쪼깨만 기다리랑께. 내 거시기헌 놈으로 후딱 해 버릴팅께."

뱀장어를 기다리는 동안 상을 내오는데 호박절임이 제일 먼저 나왔다. 나는 처음 보는 음식인데 호박에 물엿을 넣어서 절인 것 같았다.

아마 고창 지역에서 집집마다 해 먹는 음식이리라. 벽에는 술 광고지가 여러 장 붙었는데, 눈에 잘 띄는 것은 이몽룡주와 복분자주 광고였다.

복분자주 광고에는 다음과 같은 광고문이 있었다.

"남자의 양기와 정기를 일깨우는 술!"

남정네들은 눈이 희번뜩하고, 넝쿨째 호박님들은 곁눈질로, 샛눈으로 안 보는 척 본다고 여념이 없다.

진짜 호박처럼 둥글고 코가 납작한 조바 아주머니가, 분이 눈썹에 묻어나도록 칠하고 뱀장어를 가져왔는데, 경상도 부산의 양으로 따진다면 10인분은 족히 넘을 양이었다.
"복분자 술 있능교?"
조바 아주머니가 배시시 웃는데, 촌 아주머니의 너그러움이 가득 배어 있었다.
"어따! 참 거시기헌 놈으로 찾는당께."
조금 있자 소주병에 술을 담아 왔다.
"요놈 많이 먹으면 오늘 밤 아줌씨들 고생허께 조금만 자시시요잉!"
그리고 우리 나이 또래의 주인아저씨가 들어와, 자기 집은 대학 교수님들이 주 고객이라며 한참 침을 튀겼다.
"선운사 앞에는 장어집이 참으로 많으라오! 그라니 꼭 자셔 보아야 한당께! 왜냐허면 그래야 우리 집과 비교가 될 팅께!"
우리는 주인의 이 자신만만한 선전과 복분자주에 감사하여, 분명히 선운사 코앞에 있는 뱀장어 요리를 한 번 더 먹고, 그 맛을 비교 감정해 보기로 약속했다.

- 뱀장어 구이로 점심과 저녁을 한꺼번에 때운 시간은 오후 4시경이었다.

선운사로 갈까, 채석강 낙조落照를 볼까. 선운사는 내일 보아도 되나, 채석강 낙조는 우리 여행 시간으로 보아서 오늘밖에는 기회가 없다. 우리는 서해 낙조를 즐기기로 하고 채석강으로 향했다.
낙조 물드는 변산의 해변 길은, 마치 고향집으로 달려가는 듯한 포근함과 아름다움이 있었다. 그러나 채석강 길은 생각보다 멀어서 가는 도중에 낙조는 익고, 해는 바다 한가운데로 빠져들었다.

우리는 채석강 낙조를 포기하고, 변산 해수욕장 솔숲에 내려 장미색으로 물든 해안에 섰다.

붉은 해는 쇳물처럼 단 수평선을 구르는 바퀴 같고, 석양은 마치 장렬한 죽음을 작정한 전사戰士처럼 거침없어 보였다.

장미색 낙조는, 흰 살결이 타는 것을 꺼려 햇빛에는 모습을 드러내지 않는 아름다운 여신女神 아프로디테가, 그 아들 에로스의 화살을 맞고 아도니스를 향하여 불태운 정염처럼 감미롭고, 붉게 단 쇳물의 바다를 향해 곤두박질하는 태양은, 바다를 지배하는 신神 포세이돈이 신들과의 힘겨운 전쟁을 끝내고, 그 강하고 아름다운 머리칼을 휘날리며, 불같이 검붉은 갈기를 가진 열두 마리의 말이 끄는, 헤파이토스가 만든 거대한 황금마차를 타고 용龍들이 사는 바다 깊은 곳으로 돌아가는 모습처럼 장엄하다.

자연은, 인간을 거대하게도 하고 왜소하게도 한다. 이 서쪽 끝자락에서 보는 변산의 낙조는 이처럼 거대한 환상에 젖게 했다.

해가 부글거리는 바다에 빠져버리자, 세상은 갑자기 빛과 아름다움을 한꺼번에 잃고, 어둠이 죽음처럼 해변을 덮었다.

- 어디로 가서 자야 좋을까.

내친김에 온천에 가서 자자! 우리는 변산 온천으로 갔다. 여관이 하나밖에 없었는데 우리는 운 좋게 이 여관의 마지막 남은 방을 얻게 되었다. 변산 온천은 유황천이라 피부에 좋단다.

보름인지 달빛은 교교하고, 변산의 낯선 산을 달빛에 바라보니, 나그네 마음을 알 만하다. 자리에 눕자 달빛이 창문으로 찾아왔다.
 나는 상념들로 잠들 수가 없었다.

　선운사 동백은
　십 년을 그리움으로 선
　기다림처럼 붉을까.

　설한에도
　초록 옷 입고
　님이 찾아 주기만 기다리고 섰을까.

 이향異鄕의 밤은 왜 이토록 길고, 달빛은 무슨 할 말이 남아 밤새 내 머리맡에 앉아 있는 것일까. 변산의 밤은 참으로 길었다.

　• 새벽에야 겨우 잠든 나는, 아침 6시 동행들의 목소리에 잠을 깼다.

 이 새벽에 무슨 출세할 일이 생겼다고 이처럼 서두르는 것일까? 나이 먹으면 잠부터 달아난다는데 벌써 늙어 가는 것일까. 내가 세수를 할 동안 동행자들은 벌써 일정까지 정한 모양이다.
 "채석장으로 가서 내소사로 들린 다음 밥 먹고 선운사로 간다!"
 이는 분명 호박님들의 결단이고 우리는 따를 수밖에 없다. 그래야 여정이 편안하다.
 너무 일렀는지, 채석강采石江에는 사람도 없고, 입장료를 받는 관람소도 문을 열지 않았다. 그래서 우리는 요즘 세상에 보기 힘든 공짜 구경을 하게 되었다.

채석강은 '이백'이 술에 취하여 달을 잡겠다고 객기를 부리다가 빠져 죽은 강 이름인데, 이곳 풍류객들이 이태백의 풍류를 사모해 그렇게 부른 모양이다.

그러나 채색된 강도 없고 풍류도 없다.

내소사를 그 품에 눌러 앉힌 능가산은 대가大家가 그린 한 폭의 수채화 같다. 산은 비록 크지 않으나, 모양이 둥글고 새끼 봉들이 주봉을 옹립하여 명산의 기품이 있다.

내소사 입구는 전나무숲으로 된 긴 터널이다. 아침의 운무 속으로 찬란한 햇살이 헤집고 들어와, 선경을 걷고 있는 듯, 아니면 세속과는 영별한 채, 어느 인적이 닿지 않는 영원한 곳으로 가는 길 같다.

내소사에는 보물인 대웅보전과 고려 동종이 있는데, 대웅보전에는 이런 전설이 있다.

조선 중엽, 내소사를 중건하기로 큰 원을 세운 한 스님이 계셨는데, 세속의 말로는 돈도 없고 빽도 없어 절 지을 길이 막연했다.

그래서 오직 할 수 있는 것은 기도뿐이라 죽자 살자 기도만 했는데, 백 일을 기도하고 나니 어떤 목수가 찾아와서 절을 지어 주더란다. 그런데 나무로 깎아 세우기만 하면 무엇 하나, 단청을 해야 절 같지.

그래서 다시 돈도 없고 빽도 없어 기도만 열심히 했는데, 어느 날 한 젊은이가 찾아와서, 단청을 해 주겠으니 내부 단청이 끝날 때까지는 아무도 문을 열거나 절 내부를 보지 말고, 다만 기도만 해야 한다고 했단다.

그래서 그 조건을 수락한 스님이 열심히 기도만 하는데, 어느 하루는 방정맞은 동자승 놈이, 대체 이 젊은이가 무엇을 하며, 큰일과 작은일은 어떻게 해결하며 백 일이 다 되도록 나오지 않나 하여 문을 빼꼼히 열어 보았단다.

그런데 놀랍게도, 젊은이는 보이지 않고 파란색 아름다운 새 한 마리가 그 날개에 물감을 묻혀 단청을 하고 있는 것이 아닌가!

그때 그 파랑새는, 단청하는 자기 모습, 즉 새 모습을 그린 참이었는데, 동자승이 문을 열자 그만 후다닥 능가산 골짜기로 날아가 버렸단다. 새도 날아가고 그림을 그리겠다는 젊은이도 사라졌단다.

당시, 이 새는 내부 단청 중 단 하나의 칸만 남겨 두고 그림을 완성한 상태였는데, 이 새가 날아가 버리고 난 뒤, 지금까지 단 하나 남은 이 칸은 아직까지 그림을 그리지 못하고 남아 있단다.

이 아름다운 이야기는 단청을 더욱 아름답고 신비롭게 해 주었다. 살아 움직이는 용 모습이며, 곧장 날아가 버릴 듯한 선녀 모습하며 예사롭지 않다.

부처님의 배경이 된 벽 뒷면에는 보살상이 그려져 있는데, 국내 유일의 콧수염을 달고 앉아 있는 보살 그림이란다.

콧수염을 달았건, 면도를 했건, 어제 한 끼만 먹고 버텼더니 곧장 쓰러질 것 같은 것이 눈이 침침하다. 우리가 수도승이 아닌 바에야 어떻게 하루 한 끼로만 살 수 있겠는가.

우리는 다시 전나무 숲속으로 난 길을 따라 나왔다. 몸에는 전나무 향내가 흠뻑 배어 있었다.

선운사에 가 보셨나요
바람 불어 설운 날 말이에요
동백꽃을 보셨나요
눈물처럼 후두둑 지는 꽃 말이에요

나를 두고 가시는 님아

선운사 동백꽃을 보러 와요
　　지는 그 모습이 내 모습처럼 하도 슬퍼서
　　당신은 그만 못 떠나실 거예요

　　선운사 동백꽃을 보셨나요
　　눈물처럼 후두둑 지는 꽃 말이에요.

　미당未堂 선생은, 평생 그리움과 아쉬움으로 선운사 동백을 사랑했다. 선운사 동백은 이 시 구절처럼, 한 애잔한 짝사랑의 하소연을 가슴 저리는 슬픔으로, 그러나 너무도 아름다운 꽃노래로 만들었다.
　선운사 동백은 한 시인을 낳고 그를 키우고 그 시인이 평생 사랑할 수 있는 연인이 되었고, 나는 평생 선운사 동백꽃에 미쳐 볼모가 된 한 시인의 넋두리에 동요되어 천 리 길을 달려온 것이다.
　선운사는 고창 삼인리에 있고, 백제 위덕왕 때 창건된 절이다.
　물 한 모금 마시고 대웅전 기둥에 기대 서서 겨울 산들을 둘러보았다. 그 푸르른 하늘 아래 산들은 전부 옷을 벗고 섰는데, 선운사 아름드리 동백숲은 겹겹이 푸른 옷을 껴입고 있었다.
　아마 수백 년을, 아니 천 년을 넘는 세월을 단 한 번도 옷을 벗지 않은 처녀일 것이다.
　단 한 번도 나신裸身을 보인 일이 없는 이 처녀가 해마다 꽃을 피울 때면, 이 꽃 빛깔에 홀린 시인과, 사랑에 빠진 사람들이 이곳으로 몰려와서, 마치 성지를 구경하듯 동백꽃을 둘러본다.
　그러나 이 겨울 선운사 동백은 꽃망울뿐이었다. 이를 모르고 성급히 달려온 것은 아니나, 단풍보다 더 붉은 동백꽃 빛깔을 연상하며 달려온 선운사는, 나를 한가로운 한 과객過客으로밖에 대하지 않았다.

호박님들은 절하기에 바쁘고, 나의 동행들은 유물을 찾아 절 구석구석을 누빈다.

그러나 동백꽃이 없는 선운사는, 내게 다만 다가올 봄을 기약하는 쓸쓸한 산사에 불과하다. 거기에는 사람을 미쳐 들뜨게 할 붉은 빛깔도, 시인의 노래도 없었다.

대웅전 마당에 한 무리 사내들이 들어왔는데, 한 마른 사내가 그 동행들에게 열심히 고함을 질렀다.

"숫놈끼리 다니니 정말 재미가 없당께! 이제는 암컷들하고 섞음 섞음 허드라고!"

- 선운사를 빠져 나오는 길목에는 '미당'의 시비詩碑가 지키고 있었다.

선운사 골째기로
동백꽃을 보러 왔더니
동백꽃은 아직 일러 피지 않했고
먹걸리집 작부의 육자배기 가락만 상기 남았습니다
그것도 쉬어터진 소리로 남았습니다.

한때 미당 선생이 나처럼 선운사 동백꽃 빛깔에 미쳐 철모르고 달려왔다가, 꽃은 못 보고 동구 앞 막걸리집에서, 작부와 육자배기 타령으로 술 한잔하고 간 모양이다.

아마 선운사 동백은 이런 철모르는 철부지들에게는, 작부의 육자배기나 입 험한 사내의 흰소리나 안겨서 보내는 모양이다.

장막帳幕

 화장장 화구火口에서는 시체들이 불타고 있었다. 보이지는 않았지만 그 속에서는 시체들이 분명히 불타고 있었다. 화구 앞에는 검은 옷을 입은 망자의 가족들이 늘어서 있었고, 그들은 모두 이 지옥 같은 상황에 너무 놀라 넋을 놓고 있었다.
 어떤 이의 아버지가 불타고, 어떤 이의 자식이 불타고 있을 것이다.
 그들이 입은 검은 옷과 깃에 달린 삼베 조각은, 그들 몸처럼 아꼈던 가족을 잃은 사람이라는, 그래서 제어할 수 없는 슬픔에 잠겨 있는 사람이라는, 무슨 말로도 위로받을 수 없는 상황에 놓여 있는 사람들이라는 표식이다.
 가족의 육신을 참혹하게 불태워 재로 만드는 이 화장장과, 이 화장막을 품에 안은 이 골짜기가, 망자의 가족들에게는 아수라가 만든 별개의 세상 같을 것이다. 하도 몸서리가 쳐져서, 이 뒤로는 이 골짜기를 쳐다보기도 싫을 것이다.

화장막의 각 화구에는 번호가 붙어 있었고, 화구 앞에 설치된 명판에는 타고 있는 시신屍身의 이름이 적혀 있었다. 망자의 가족들은, 화구의 벽을 망자의 몸을 만지듯 쓰다듬기도 하고, 기둥에 몸을 기댄 채 멍하니 먼 산을 바라보기도 하고, 퍼질러 앉아 통곡하기도 하고, 서로 부둥켜안고 큰 소리로 기도하기도 했다.

불길이 한창인 한 화구 앞에서는, 한 여자가 볼에 흘러내리는 눈물을 손등으로 닦아 내며 긴 편지를 읽고 있었다. 딸이 재로 변해 가는 망자에게 보내는 이승에서의 마지막 말이리라. 먼 이국에 떠나 있다, 아버지의 죽음을 전해 듣고 황망히 달려온 중년의 여자였다. 그 편지는 비행기 안에서 눈물을 흘리며 쓴 것이리라. 아버지와 같이했던 어린 날의 이야기와, 생전에 자주 뵙지 못한 불효의 한이 들어 있었다. 그리고 가시는 그곳에서는 부디 강녕康寧하시라는 당부를 읽을 때쯤, 편지를 움켜잡고 심하게 어깨를 흔들며 오열하기 시작했다. 다 읽지 못한 편지가 구겨져 눈물에 젖고 있었다.

다른 화구 앞에서는 머리가 하얗게 센 노인과 중학생 정도로 보이는 아이가 서 있었다. 두 사람은 서로의 손을 맞잡은 채 고개를 숙이고 있었다. 눈물조차도 그들의 슬픔을 표현하기에는 마땅치 않다는 듯, 눈물도 흘리지 않았다. 두 사람은 기도하는 것처럼 손을 맞잡고 고개를 숙이고 있었으므로, 그 모습은 마치 깊은 신앙심으로 망자를 영원의 세계로 보내는 의식을 치르는 성화聖畵의 한 장면 같았다.

아마 할아버지와 손자일 것이다. 그래서 화구에서 불타는 시신은 노인의 아들이고, 아이의 아버지이리라. 자식과 부모의 죽음이라니!

아버지는 아들의 죽음 앞에 목놓아 울지 못하고, 아들은 아버지의 죽음 앞에 몸부림치며 울부짖지 못하는 것은, 할아버지는 결코 약한 모습을 보여서는 안 될 홀로 남겨진 손자 때문일 것이고, 손자는 아들을 잃고 식음食飮을 잃었을 할아버지 때문이리라.

이 모습을 화구 안에서 불타는 시신의 주인이 본다면, 과연 명부冥府로 발걸음을 옮길 수 있을까?

우리도 화구 앞으로 불리어 나갔다. 머리카락은 헝클어지고, 얼굴은 눈물로 범벅이 되어 있었다.

우리를 안내한 장의사는, 화구를 향하여 큰 소리로 불 들어간다고 외치라고 당부했다.

가족들이 떨리는 목소리로 소리쳤다.

"아버지! 불 들어가요!"

가족들이 다 같이 약속이나 한 듯 큰 소리로 울기 시작했다. 육체만이 아닌, 그들을 사랑하고 이해해 주고 웃어 주던 그 어떤 것과의 영원한 헤어짐에 대한 감출 수 없는 서운함이리라.

불타는 화구와 가족들의 울부짖음을 보자, 그리고 망자의 그 허무하기 짝이 없는 일생을 생각하자, 서글픔과 허무, 그리고 죽음이 불러오는 공포가 난폭한 폭군처럼 나를 지배하기 시작했다. 그것은 뼈가 저리는 외로움과 허무, 그리고 미지未地에 대한 공포였다.

'대체 어디로 가는 것일까?'

망자가 가야 할 길은, 별빛도 없는 깜깜한 밤길이며, 동행자도, 정처도 없는 길일 것이다. 나도 언젠가는 그 외롭고 처량한 길을 혼자 걸어가야 한다는 말인가?

나는 단 한 발도 밖으로 나갈 수 없는 단절된 장막帳幕 속에 갇힌 것 같았다. 평소 나를 사로잡았던 하나의 문장과 그 문장에 대한 강한 의문이 일었다.

저것이 완전하고 이것도 또한 완전하도다.

완전함으로부터 완전함이 생겨 나왔도다.

'우파니샤드'는 이렇게 세상의 모든 것이 완전하다는 선언으로 시작했다. 이 세상과 저세상의 모든 것이, 이 세상과 저세상의 모든 순간들이 다 완전하다. 그래서 이 죽음조차도, 모든 정다운 것들과의 이 영원한 이별의 순간도, 이 창자를 끊어 내는 슬픔의 순간도 완전하다는 선언이다.

그러나 이 눈물과 외로움과 두려움이 범벅이 된 현실의 바닥에 선 나는, 이 말의 진실이 의심스러웠다.

이 슬픔과 두려움도, 내가 이른 봄 매화꽃을 발견했을 때의 기쁨처럼 완전한 것이란 말인가? 환희와 슬픔이 같은 동질同質의 것이라는 말인가?

나는 처절한 허무감과 두려움에 압도되어 어디로 도망가려는, 죽음은 그냥 헌 옷을 벗어 던지는 간단한 절차라는, 혹은 죽음조차도 완전함의 일부라는 그런 이해를 붙잡아 두려고 애를 썼다. 그래야 아픔과 두려움이 나로부터 도망갈 것 같았다.

그러나 이런, 탄생과 소멸消滅이 다 같이 완전함의 일부이며, 그래서 이 소멸과 파멸의 죽음조차도 완전함의 일부라는 이해는 아무짝에도 쓸모가 없었다. 그런 이해는 이미 슬픔과 공포에 압도되어 비바람에 쓰러지는 풀처럼 힘이 없었다.

다만, 버티며 일어서려고 몸부림치는 본능이 나를 일깨웠다.

'살아오면서 이런 일을 한두 번 겪었던가? 그래도 나는 멀쩡했다. 모든 일들은, 모든 사건들은 내 마음의 길을 건너가는 짐마차 같은 것이더라. 백일몽白日夢 같은 것이더라.'

나는 애써 나를 위로했다.

'지금 순간을 이기기 힘이 든다면, 차라리 이 순간을 친구로 삼아라.'

나는, 나를 덮쳐 잡아먹고 있는, 칠흑의 어둠 같은 까만 복면을 쓴 공포와 아픔을 향해 손을 내밀었다. 아마 그것들도 같이할 친구를 찾던 중 나를 찾았을 것이다. 그것들이 기만적 환영幻影에 불과한 것이라도 괜찮다. 나를 찾는다면 문을 열고 안아 줄 것이다.

깨어 있는 의식의 창조행위

　문학이 철학이나 종교적 사변思辨과 다른 것은 무엇일까?
　이야기에 시대의 고통을 담아 내는 심오함에 있을까? 아니면 쏟아 내지 않으면 토할 것 같은 간절한 마음의 절규를 담아 내는 재미에 있는 것일까?
　끝없이 삶을 체험하는 실존實存은, 체험을 통하여 체험에 내재된 어떤 의미를 관념觀念으로 부여받게 되므로, 모든 행위에 어떤 관념에의 지향성을 가지게 된다.
　사람이 모든 행위에 도덕적 의미나 영구불멸의 절대적 가치를 부여하는 것은 이 관념의 지향성 때문인데, 어떤 종교의 신념에 복종하여 죽음을 받아들이는 행위나 어떤 이데올로기에 평생을 헌신하는 행위도 이 때문일 것이다.
　그러나 엄밀히 볼 때, 아무리 엄청난 의미가 부여된 가치라 할지라도, 사실은 실존이 상황에 반응하며 일으키는 사색의 편린片鱗에 불과한 것이며, 실존이 경험하는 피사체被寫體에 불과한 것들인데도, 이러한 관념들은 사람의 행위를 제한하고 지배한다.

삶의 체험을 바탕으로 하는 작업인 문학 역시, 이러한 관념의 지배와 어떤 가치에의 지향성으로부터 자유롭기 어려울 것이다.

내게 글쓰기는, 마치 8월 무더위 속에서 천둥과 함께 갑자기 쏟아지다 사라지는 소나기처럼 충동적인 것인데, 일시적인 깨침이나 충동적인 감흥이 일 때 하는 행위이기 때문이다.

그러나 아무리 사고의 과정이 생략되고, 충동적인 감흥에 의한 행위라 하더라도, 충동적인 감흥이 발동한 근원은 실존實存일 것이므로, 충동적인 감흥조차도 사실은 실존에서 배어 나온 사색의 편린일 수밖에 없을 것이며, 사색의 편린이라면 역시 관념의 지향성이 없을 수 없을 것이다.

문제는 글쓰기가 의식적이든 무의식적이든 어떤 관념에의 지향성을 목적으로 할 때는, 이데올로기를 추구하는 도구가 되어 창조성을 상실하게 된다는 것이다. 어떤 경우 문학이 도구가 아닌 창조의 수단이 되는가?

삶이 진정 추구하는 것이 과연, 어떤 숭고한 가치나 혹은 심오한 철학적 사색일까?

경험은 우리에게, 사람이 기실 추구하는 것은 어떤 가치나 의미가 아니라, 추구하는 행위가 가져다주는 감흥임을 일깨워 준다.

어떤 가치의 추구나 철학적 사색에도 감흥이 없다면 누가 그런 것을 추구하겠는가?

수도자들은 선승처럼 어떤 '텅빈 충만'이라는 감흥을, 어떤 이는 사랑이라는 감미로운 감흥을, 어떤 이는 이데올로기적 투쟁에서 얼는 격렬한 사상적 감흥을, 어떤 이는 하루종일 자연과 교감하며 얻는 평화로운 감흥을 추구하며, 삶이 추구하는 진정한 목표는 그러한 것이라 생각하며 산다. 삶이 추구하는 목적은 사실 감흥이고, 사람이 삶이라는 바다에 뛰어든 원인 역시 감흥을 추구하기 위한 목적에서일 것이다. 삶은 감흥을 추구하다 사라지는 과정에 불과하다는 것이 나의 생각이다.

　문학은 글쓰기로 귀결되는 행위이므로, 결국 문학은 글쓰기로 감흥을 얻는 행위일 것이다.

　글을 쓰는 사람에게 "당신에게 문학이란 대체 무엇이냐?"라고 물으면 대개 곤혹스러울 것이다. 대개의 사람에게 있어, 글을 쓴다는 것은 이지적理智的 행위이기보다는 일종의 충동적인 행위일 것이기 때문이다.

　글쓰기를 어떤 시인은 유희遊戲라 했다. 나는 그 말이, 감흥이 없다면 결코 시를 쓰지 않았을 것이란 의미에서 동의한다.

　그러나 내게 글쓰기는, 유희이기도 하거니와 깨어 있음을 증명케 하는 행위이기도 하고, 깨어 있기 위한 행위이기도 하다. 깨어 있다는 것은 매몰埋沒되어 있지 않다는 말이며, 매몰되지 않은 의식은 각성된 상태를 말하는 것으로서 곧 창조성을 말하는 것이기 때문이다.

　사람은 온종일 생각에 사로잡혀 살아, 밤에도 잠 속에서 생각에 사로잡혀 꿈을 꾸고, 낮에는 갖가지 상황과 부딪치면서 희로애락을 반복한다. 실존에 의한 체험들은 기억이 되어 삶을 지배하는 거대한 강이 되고, 의식意識이 거대한 강의 흐름에 저항 없이 떠내려갈 때는 의식은 이 기억의 강에 매몰된다. 그러나 깨어 있을 때, 우리의 기억은 객관화되고, 깨어난 의식은 그 기억에 갖가지 의미를 부여하며 살아 움직이기 시작한다. 의미 부여란 깨어 있는 의식의 창조創造 활동이며, 창조 활동이야말로 엄청난 감흥을 불러일으킨다.

　김춘수 시인의 〈꽃〉을 볼 때, 나는 깨어 있는 의식의 희열을 느낀다. 꽃은 내가 꽃이라는 의미를 부여할 때 비로소 꽃이 되는 것처럼, 풀포기를 아름다운 꽃으로 인식하는 것은 일종의 의식의 창조행위이다.

　그러므로 내게 문학이란, 혹은 예술이란 깨어 있는 의식의 창조행위이다. 매몰되지 않은, 실존의 깨어 있는 의식이 아니라면 진정한 의미에서의 창조행위는 불가능하므로, 깨어 있는 의식이 바로 창조이며, 창조는 무한의 감흥을 불러일으킨다. 내게 문학이란 깨어난 의식으로 감흥을 쫓는 달음질과 같다.

찔레

발행 ǀ 2021년 2월 3일
지은이 ǀ 문계성
펴낸이 ǀ 김명덕
펴낸곳 ǀ 한강출판사
홈페이지 ǀ www.mhspace.co.kr
등록 ǀ 1988년 1월 15일(제8-39호)
주소 ǀ 서울시 종로구 우정국로 40-1, 4층(견지동)
전화 02-735-4257, 734-4283   **팩스** 02-739-4285

값 14,000원

ISBN 978-89-5794-466-0 03810

※저자와의 협약에 의해 인지는 생략합니다.
※잘못된 책은 바꾸어 드립니다.
※이 책의 저작권은 저자와 본 출판사에 있습니다.